Sybille Günther

Das Wahrnehmungsspielebuch

Über 250 praxiserprobte Wahrnehmungsspiele für alle Gelegenheiten, für jedes Alter

Illustrationen von Mile Penava

Ökotopia Verlag, Münster

Impressum

Autorin	Sybille Günther
Titelillustration	Kerstin Heinlein
Innenillustration	Mile Penava
Satz	art applied · Medienproduktion Hennes Wegmann, Münster
ISBN	978-3-86702-107-4

1 2 3 4 5 6 7 8 9 10 · 18 17 16 15 14 13 12 11 10

Inhaltsverzeichnis

Wahrnehmung – Tor zum Leben und Lernen

Vom ersten Tag an nimmt das Kind seine Umwelt über seine Sinnesorgane wahr und findet sich so mehr und mehr in der Welt zurecht – es lernt. Je sinnenfroher seine Entwicklung ist, umso lebendiger fühlt sich das Kind, umso besser reift sein Gehirn, denn jedes Erlebnis hinterlässt im Gehirn eine Gedächtnisspur. Je mehr Sinne beteiligt sind, umso besser setzt sich Gelerntes als Erfahrung nieder. Je mehr „Futter" das Gehirn bekommt, umso bereiter ist es, Neues aufzunehmen. Leben und Lernen sind aufs Engste verknüpft und so führen fein ausgeprägte Sinne letztlich zu mehr Lebenssinn. Der Mensch entwickelt über den Gebrauch seiner Sinne einen feinen Geschmack für das, was ihm gut tut, um sein Leben zu genießen.

Wahrnehmungsspiele sind dazu da, die Sinne wach zu kitzeln. Von daher finden sich in diesem Buch Spiele mit hohem Aufforderungscharakter, die einfach Spaß machen, denn mit Lust klappt Lernen wie von selbst. Es sind Spiele ohne großen Materialaufwand, denn je weniger Arbeit sie vorher verursachen, umso häufiger setzen wir sie ein. Es sind Spiele für alle Gelegenheiten, eingebunden in den Tagesablauf und nicht losgelöst in speziellen Wahrnehmungsübungsstunden. Manche Spiele bedürfen keiner Anleitung, die Kinder spielen sie von selbst. Wenn Erwachsene den Sinn der Spiele besser verstehen, lassen sie Kindern mehr Raum dafür.

Die Spiele orientieren sich an den klassischen Kinderspielen, weil hier jener lustbetonte Spannungsaufbau besteht, der sich bei Kindern seit Menschengedenken erhalten hat. Für Erwachsene sind diese Wahrnehmungsspiele eine Herausforderung, ihr eigenes freies Kind wieder zu entdecken. Denn, mal ehrlich, wer erinnert sich als Erwachsener, wann er zum Beispiel das letzte Mal eine schräge Wiese herunter gerollt ist?

Es sind Spiele für drinnen und draußen: ob im Zimmer, wild durchs ganze Haus oder im Dunkeln. Es gibt Spiele zum Entspannen, Spiele im Kreis, Spiele mit Musik oder darstellendem Charakter, Spiele im Alltag rund um Kochtöpfe und Wäsche, Spiele beim Aufräumen, Spiele beim Baden, ja sogar Wahrnehmungsspiele im Supermarkt. Draußen geht es mit Wahrnehmungsspielen durch den Wald, auf die Wiese, an den Bach oder in den Garten. Und dazwischen gibt's Wahrnehmungsspiele auf dem Weg und bei Wind und Wetter.

Zum Aufbau des Buches

Nach einer kurzen Erläuterung, was Wahrnehmung ist und wie sie sich vollzieht, stellt das Buch die verschiedenen Wahrnehmungsbereiche vor. Vom Sehen, Hören, Riechen, Schmecken und Tasten gelangt der Leser zu den frühen Wahrnehmungsbereichen, die bereits im Mutterleib angeregt werden, dem Gleichgewichtssinn, Bewegungssinn, dem frühen Hörsinn, der mit dem Empfinden von Schwingung ganzheitlich erlebt wird, und der Körperwahrnehmung.

Mit ein paar methodischen Tipps zu Wahrnehmungsspielen geht es dann los mit über 250 praxiserprobten Wahrnehmungsspielen. Kims Spiel, das Urspiel, das den Wahrnehmungsspielen auch den Namen Kimspiele verlieh, eröffnet den Spielereigen.

Mit Wahrnehmungsspielen von Anfang an erfährt der Leser, wie bereits ab Geburt die Sinne angeregt werden können, denn das Buch bezieht jedes Alter mit ein. So findet der Leser im Buch alle Wahrnehmungsspiele der Kindheit auf einen Blick, kann sehen, wie sich die Wahrnehmung nach und nach differenziert und sich damit auch die Vorlieben für Spiele ändern, denn was sicher gekonnt wird, verliert seinen Reiz und der Mensch schaut nach neuen Herausforderungen. Erwachsene spielen einfach mit, so fühlen auch sie sich wieder lebendiger und die Kinder freut es, denn Mitspieler sind echte Partner.

Da Wahrnehmung ganzheitlich, also mit allen Sinnen passiert, sind die einzelnen Kapitel nicht jeweils einem Wahrnehmungsbereich zugeordnet, sondern zu jeder Gelegenheit wird mit allen Sinnen gespielt. Ein entsprechendes Symbol zeigt an, welchen Wahrnehmungsbereich ein Spiel besonders anregt. Im Register finden sich dann noch einmal alle Spiele in einzelne Wahrnehmungsbereiche unterteilt.

Abgerundet wird das Buch mit der Methodik zur ganzheitlichen Wahrnehmung von Themen und Anregungen zur Gestaltung von Wahrnehmungsspielräumen drinnen wie draußen.
Auf dass Wahrnehmung zum ganzheitlichen Erleben wird.

Was ist Wahrnehmung?

Wahrnehmung ist die sinngebende Verarbeitung von Sinnesreizen. Wir nehmen Reize aus der Umwelt mit unseren Sinnesorganen auf. Im Gehirn werden sie zugeordnet – wir nehmen wahr. Neurophysiologisch gesehen reift das Gehirn durch die verschiedenen Reize aus der Umwelt. Jede neue Erfahrung, die ein Kind macht, knüpft an Vorerfahrungen an und schafft im Gehirn eine neue Querverbindung. Nach Jean Piaget ist das der Beginn von Lernen, denn nur sinnlich selbst Erlebtes setzt den Grundstein zum lebenslangen Lernprozess.

Die Wahrnehmungsbereiche

Unsere Sinnesorgane Augen, Ohren, Nase und Mund, Hände, Füße, die Muskeln ja unsere ganze Haut dienen uns dazu, Informationen über die Welt um uns herum aufzunehmen und diese mit unseren Vorerfahrungen zu verknüpfen. Jedem Sinnesorgan ist ein Wahrnehmungsbereich zugeordnet. Mit ganzheitlicher Wahrnehmung ist das Zusammenspiel aller Wahrnehmungsbereiche gemeint.

Bei der Sprachentwicklung lässt sich das gut aufzeigen: Das Auge sieht die Dinge, die Hände begreifen sie, die Ohren hören den Begriff für eine Sache – vielleicht macht diese Sache selbst ein Geräusch, vielleicht können wir sie auch riechen und schmecken oder Bewegungserfahrungen damit machen. Das Zusammenspiel aller Wahrnehmungsbereiche erlaubt uns ein Gesamterlebnis einer Sache. Schließen wir einen Wahrnehmungsbereich aus zum Beispiel, wenn wir mit verbundenen Augen etwas riechen oder tasten, dann werden z. B. Riech- oder Tastsinn sensibler.

Sehen – visueller Bereich

Bereits im Mutterleib nimmt das noch ungeborene Kind schon ein zartes Rosa durch die Bauchdecke wahr – der Anfang der visuellen Wahrnehmung. Vom ersten zarten Rosa durch die Bauchdecke im Mutterleib bis zur voll entwickelten Sehfähigkeit, mit etwa acht Monaten, wird das Sehen zur wichtigsten Informationsquelle der Kinder.

In der Entwicklung zum Sehen sprechen wir von der Figur-Grund-Wahrnehmung, d. h. leuchtende Objekte (bevorzugt rote

Dinge) vor dunklem Hintergrund werden vom Menschen als erstes wahrgenommen. Auch Objekte, die sich langsam bewegen, können vom Säugling mit den Augen verfolgt werden.
Zur visuellen Wahrnehmung gehören ferner die Fähigkeit, das Sehen mit den Bewegungen des Körpers zu koordinieren (Auge-Hand-Koordination), die Wahrnehmungskonstanz (ein bestimmter Gegenstand kann trotz unterschiedlicher Abbildungen immer wieder erkannt werden), die Raumlage (die Beziehung eines Gegenstandes zum Wahrnehmenden selbst: vor, hinter, auf ...), die räumlichen Beziehungen von mehreren Gegenständen untereinander, die Formwahrnehmung, Farbwahrnehmung und das visuelle Gedächtnis: Dinge zu erkennen, zuzuordnen und sich zu merken. (Beispiel: Memory)
Die Wahrnehmungsspiele, die besonders das Sehen anregen, sind im Buch mit einem Auge gekennzeichnet.

Hören – akustischer Bereich

Der akustische Bereich ermöglicht uns Töne, Geräusche und Klänge wahrzunehmen bzw. zu unterscheiden. Er schafft uns die Voraussetzung mit anderen in Kommunikation zu treten. Es ist die Voraussetzung für die Entwicklung von Sprache.
Das Ohr ist eines der kompliziertesten Organe des Körpers. Es kann ganz leise Töne wahrnehmen, aber auch ganz starken Schallwellen widerstehen (z. B. Presslufthammer). Es kann selektieren (z. B. aus einem Chor eine Stimme heraushören). Es kann die Entfernung von Geräuschen wahrnehmen, auch die Bewegung von Schallquellen (z. B. vorbeifahrender Zug).
Das Ohr besteht aus drei Abschnitten: dem äußeren Ohr mit Ohrmuschel, Gehörgang und Trommelfell, dem mit Luft gefüllten Mittelohr (Paukehöhle), welches durch die Brücke der Gehörknöchelchen den Schall weiterleitet und dem mit Flüssigkeit gefüllten Innenohr mit der Schnecke, dem eigentlichen Hörorgan.
Das äußere Ohr fängt den Schall mit der Ohrmuschel auf und leitet ihn über den Gehörgang an das Trommelfell. Das Trommelfell ist ein kleines Häutchen, das den äußeren Gehörgang abschließt. An ihm sitzen die Gehörknöchelchen, die den Raum zwischen äußerem Ohr und Innenohr überbrücken.
Wenn ein Schall ertönt, gerät zunächst die Luft und dann das Trommelfell in Schwingungen. Diese Schwingungen werden über die Kette der Gehörknöchelchen an das Innenohr weitergeleitet. Hier befindet sich das Zentrum des Hörorgans – die Schnecke. Auf ihr sind die Sinneszellen angeordnet. Sie leiten die wahrgenommenen akustischen Reize über den Hörnerv zu den entsprechenden Zentren des Gehirns weiter.

Für ein erfolgreiches Hören muss sich ein Kind auf das Gehörte konzentrieren können. Es muss unter vielen Geräuschen eines herauslösen können. Es muss die Richtung, aus der das Geräusch kommt, ausfindig machen können und es muss Ähnlichkeiten und Unterschiede zwischen Lauten und Tönen herausfinden und sicher zuordnen können. Das ist wichtig für die Sprachbildung.
Strömen zu viele akustische Reize auf das Gehör ein, stellt das Ohr auf „Durchzug“. Zum Beispiel wird ein permanent plärrendes Radio zum Klangteppich, die einzelnen Töne sind für das Ohr nicht mehr interessant.

Die Wahrnehmungsspiele, die besonders das Hören anregen, sind im Buch mit einem Ohr gekennzeichnet.

Riechen – olfaktorischer Bereich

Der Geruchssinn ist bei vielen Tierarten der hauptsächliche Orientierungssinn. Die Nase ist beim Menschen weniger gut ausgebildet. Die Menschen der Vor- und Frühgeschichte ließen sich viel stärker von ihrem Geruchssinn leiten. Geruchssinn und Geschmackssinn sind sehr eng miteinander verknüpft.
Beim Riechen gelangen Duftmoleküle zunächst in die Nasenhöhle, an deren oberem Ende sie auf das Riechfeld treffen, ein etwa sieben Quadratzentimeter großer Teil der Nasenschleimhaut, der aus etwa 10 Millionen Riechzellen besteht. Jede einzelne Riechzelle ist mit sechs bis acht Flimmerhärchen besetzt. Diese sind wiederum umgeben von Rezeptoren, die so beschaffen sind, dass sie die ankommenden Duftmoleküle wie unterschiedlich große Mosaiksteine einsortieren und aufnehmen können. Durch diesen Kontakt entstehen chemische Reaktionen, die als elektrische Impulse von den Nervenzellen an die Steuerzentren des Gehirns, den Hypothalamus und Thalamus, weitergeleitet werden. Sie gehören zum limbischen System, dem ältesten Teil des Gehirns, hier sind alle frühen Wahrnehmungen gespeichert.
Bestimmte Gerüche erinnern uns an bestimmte Situationen. Sei es ein bestimmter Geruch, der uns an den Schulranzen der ersten Klasse erinnert, ein bestimmter Geruch, der uns an Weihnachtsplätzchen erinnert usw. Das Phänomen des Riechens konnte aufgrund seiner hochkomplizierten Abläufe bis heute nicht vollständig entschlüsselt werden. Wenngleich das Geheimnis der Düfte zur Zeit noch nicht hinreichend erklärt werden kann, beeinflussen uns die verschiedenen Duftstoffe stärker, als bisher angenommen.

Die Wahrnehmungsspiele, die besonders das Riechen anregen, sind im Buch mit einer Nase gekennzeichnet.

Schmecken – gustatorischer Bereich

Geruchs- und Geschmackssinn haben eine sehr enge Verbindung zueinander. Wir nehmen Speisen, die wir noch nicht gekostet haben, erst einmal über den Geruch wahr, andererseits wird das Schmecken durch das Riechen unterstützt.
Schmecken können wir nur süß und salzig (Rezeptoren hierfür liegen auf der Zungenspitze), sauer (wird hauptsächlich vom Zungenrand wahrgenommen) und bitter (wird vom hinteren Teil der Zunge wahrgenommen). Erst die Nase verhilft uns zu einer genaueren Geschmacksunterscheidung der verschiedenen Speisen.
Die Wahrnehmungsspiele, die besonders das Schmecken anregen, sind im Buch mit einem Mund gekennzeichnet.

Tasten – taktiler Bereich

Die taktile Wahrnehmung nimmt ihren Weg hauptsächlich über die Hände. Die meisten Tastkörperchen befinden sich an den Handtellern und Fußsohlen. Mit ihnen „begreifen“ wir unsere Umwelt. Auch Kopfhaare und Körperhärchen sind Berührungsfelder. Ihre Wurzeln in der Haut sind von feinen empfindlichen Nervenfasern umschlungen, die jede Bewegung des Haares wahrnehmen.
Wir nehmen über Berührung passiv wahr, können aber auch aktiv wahrnehmen und z. B. mit unseren Händen Materialien selbst erkunden. Ein Baby hantiert mit Gegenständen und bei jedem Handgriff holt sich das reifende Gehirn neue Informationen aus der Umwelt und bereichert seinen Erfahrungsschatz. Auch der Mund ist ein hervorragendes Tastorgan, dies zeigen uns Kleinkinder, die fast alles zunächst in den Mund stecken, um es so zu erkunden.
Die Hand dient uns als Tastorgan, aber auch als Werkzeug. Sie kann streicheln, trommeln, schlagen, Dinge verändern. Sie zeichnet sich dadurch aus, dass sie die Umwelt sowohl erkunden als auch verändern kann. Das können die anderen Sinnesorgane nicht.
Am besten können wir unsere Umwelt ertasten, wenn die Augen dabei verbunden oder einfach geschlossen sind.
Die Wahrnehmungsspiele, die besonders das Tasten anregen, sind im Buch mit einer Hand gekennzeichnet.

Die frühen Wahrnehmungsbereiche

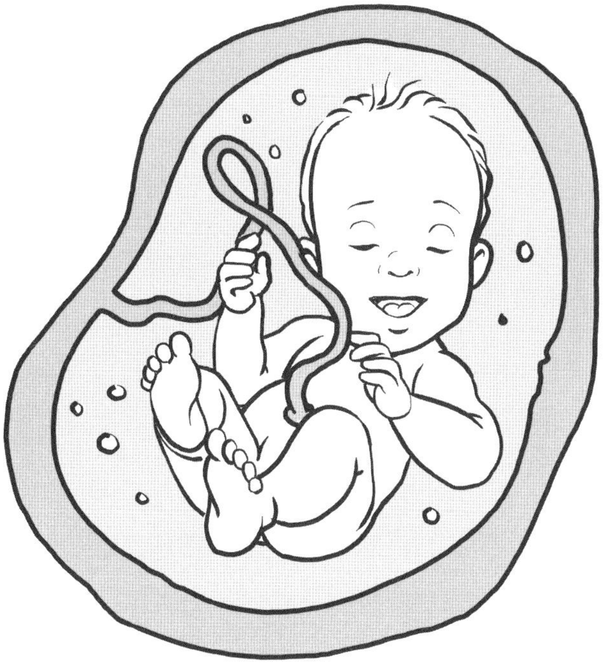

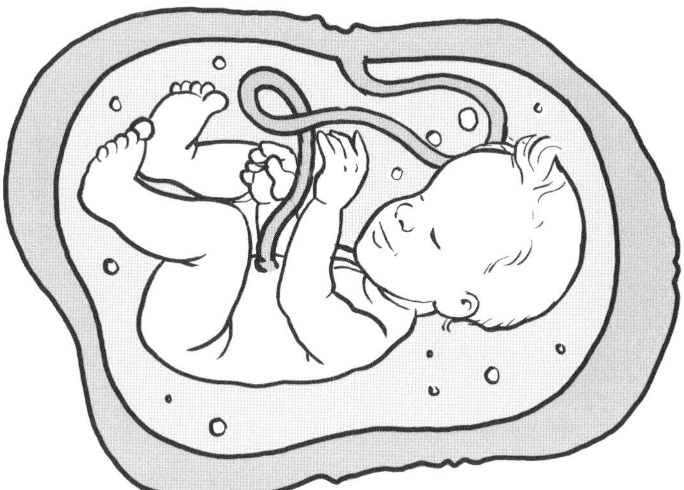

Die folgenden Wahrnehmungsbereiche werden so bezeichnet, weil das noch ungeborene Kind sie bereits im Mutterleib intensiv erfährt, weil hier schon vor der Geburt Wahrnehmung stattfindet.
Kinder haben ein großes Bedürfnis, in diesen Wahrnehmungsbereichen Anregungen zu erfahren, weil sie den ganzen Körper einbeziehen und an die frühen Erfahrungen anknüpfen. Kinder wie Erwachsene werden durch Angebote in diesen Bereichen auch an das geborgene Gefühl im Mutterleib erinnert, das heißt, der Mensch entspannt auch besonders mit Spielen aus diesem Bereich.

Gleichgewichtssinn – vestibulärer Bereich

Da die Mutter sich bewegt, sitzt oder steht, sich dreht oder geht, verändert sich ständig die Lage des noch ungeborenen Kindes im Mutterleib. Hier sammelt das Kind erste Wahrnehmungserfahrungen zur Raumlage. Der vestibuläre Bereich ist für den Gleichgewichtssinn verantwortlich. Unser Gleichgewichtssinn ermöglicht uns das Gehen, Balancieren oder Fahrradfahren.
Schauen wir uns auf Spielplätzen um, so finden wir vor allem Spielgeräte, die die vestibuläre Wahrnehmung anregen: die

Schaukel, die Rutsche oder das Karussell, um nur einige zu nennen. Unbewusst bieten Eltern ihrem Baby ganz viele Anregungsbeispiele für den vestibulären Bereich: Das Kind wird gewiegt und geschaukelt. Väter werfen die Kleinen in die Höhe und fangen sie wieder auf, was vom Kind mit einem Juchzer belohnt wird.
Auch noch im Jugend- und Erwachsenenalter ist dieses Bedürfnis vorhanden. Denken wir nur an die ganzen Fahrgeschäfte eines Vergnügungsparks – von Schiffschaukel über Achterbahn bis zum Kettenkarussell – oder an die Extremsportarten wie Bungeejumping und Wildwasserfahrten. Die klassischen Standardtänze erfüllen im Grunde ebenfalls das frühe Bedürfnis, gewiegt zu werden.

 Die Wahrnehmungsspiele, die besonders den Gleichgewichtssinn anregen, sind im Buch mit einer Seiltänzerin gekennzeichnet.

Bewegungssinn – kinästhetischer Bereich

Der Bewegungssinn bezieht seine Informationen aus den tiefer liegenden Sinneszellen im Körpergewebe des Menschen. Er betrifft die innenliegenden Muskeln, Nerven, Sehnen und Gelenke und wird daher auch als Tiefensensibilität bezeichnet. Durch eine gut entwickelte Tiefensensibilität wird der Körper in die Lage versetzt, die Arbeit der einzelnen Muskeln aufeinander abzustimmen.
Beim Bewegen, Kraft spüren, Klettern, Springen, Balancieren, Rutschen, Verstecken, Weglaufen, Fangen und bei allen anderen Bewegungsarten wird der Bewegungssinn immer wieder erprobt und verfeinert.

 Die Wahrnehmungsspiele, die besonders den Bewegungssinn anregen, sind im Buch mit einem Arm mit Muskel gekennzeichnet.

Hören durch Schwingung – akustovibratorischer Bereich

Bereits im Mutterleib kann ein Kind schon Geräusche wahrnehmen. Den Herzschlag der Mutter, den Atemrhythmus, Verdauungsgeräusche, die Stimme der Mutter, aber auch Geräusche, Musik und Lärm aus der Umgebung. Unterstützt wird das Hören durch die dadurch entstehenden Schwingungen des Fruchtwassers. Diese frühe Wahrnehmung heißt Akustovibratorische Wahrnehmung, weil die Akustik durch fühlbare Schwingungen übertragen wird. Akustik ist die Lehre von Schallwellen.

Die Wahrnehmungsspiele, die besonders das Hören über ganzheitliche Schwingung anregen, sind im Buch mit einem Kind mit Trommel gekennzeichnet.

Körperwahrnehmumg – somatischer Bereich

Die Haut ist das größte Sinnesorgan des Körpers. Im Mutterleib nimmt das noch ungeborene Kind Temperatur, Berührung, Schmerz, Vibration und Druck wahr. Dicht unter der Haut sitzen die Tastkörperchen. Wenn sie einen leichten Druck verspüren, also die Haut berührt wird, erzeugen sie ein winziges elektrisches Signal, das über die Nervenbahnen zum Gehirn geleitet wird. Dort wird der Sinnesreiz verarbeitet, das Gehirn erkennt sofort, wie stark die Berührung ist und von welcher Stelle des Körpers das Signal kommt. Eine stärkere Berührung empfinden wir als Druck, einen sehr starken Druck als Schmerz.

Für Erwachsene hat sich in den letzten Jahren ein ganzes „Wellness-Programm“ entwickelt. In Erlebnisbädern können wir die somatische Wahrnehmung in Whirlpools und mit verschiedenen Massagedüsen genießen, im Solarium spüren wir die Wärme auf der Haut und bei der anschließenden Massage erhalten wir angenehme Erfahrungen im somatischen Bereich. So richtig wohl fühlen wir uns bei „Sonne, Sand und Meer“.

Die somatische Wahrnehmung betrifft die Wahrnehmung auf der gesamten Körperoberfläche. Sie wird bei der Körperpflege (Bäder, Waschen, Frottieren, Eincremen, Massagen) durch Körperkontakt besonders angeregt. Bei der Entwicklung des Kindes differenziert sich die somatische Wahrnehmung zur taktilen Wahrnehmung über die Hände aus.

Die Wahrnehmungsspiele, die besonders die Körperwahrnehmung anregen, sind im Buch mit einer Badewanne gekennzeichnet.

Zur Methodik bei Wahrnehmungsspielen

Wenn wir Wahrnehmungsspiele anbieten, achten wir auf einen guten Spannungsbogen. Zu viele wilde Spiele erschöpfen die Kinder und führen irgendwann zu Verletzungsgefahr. Ruhige und bewegte Spiele sollen sich abwechseln. So kommt einmal Schwung in die Gruppe, dann wieder Entspannung ins Geschehen. Wenn der Mensch sich entspannt fühlt, kann er sich auf neue Impulse konzentrieren, neue Erfahrungen aufnehmen.

Werden zu viele Reize auf einmal angeboten, werden sie nicht mehr aufgenommen, es kommt zur Reizüberflutung. Setzen wir Wahrnehmungsspiele gut dosiert ein, führt dies zur Sensibilisierung der Wahrnehmung. Der wichtigste Grundsatz ist hierbei neue Erfahrungen erstmal setzen lassen. Wie bereits erwähnt, ist es das Beste, wenn Erwachsene einfach mitspielen, den Spielstunden sind keine Schulstunden.

Die Wahrnehmungsspiele eignen sich sehr gut dazu, zwischendurch einmal angeboten zu werden, so wie sie sich aus der Situation heraus ergeben und wie sie im Buch auch zu verschiedenen Gelegenheiten beschrieben sind. Bleibt nur noch einfach Spaß zu wünschen mit den nun folgenden Spielen quer durch alle Wahrnehmungsbereiche.

Kims Spiel

Das Urspiel aller Wahrnehmungsspiele ist das Kimspiel und drum muss es in diesem Buch einfach an erster Stelle stehen. Es gibt Kimspiele für alle Wahrnehmungsbereiche, doch kennen wir die Geschichte von Kim, so kennen wir auch das erste Wahrnehmungsspiel, das so in die Literatur Eingang gefunden hat.

Die Geschichte von Kim

Es war einmal ein Junge namens Kim. Kims Eltern waren Engländer, die vor langer, langer Zeit mit ihrem Sohn nach Indien gereist waren. Da die Eltern früh verstarben, wuchs Kim als Waisenjunge alleine in Indien auf. Die Inder nannten ihn „Kleiner Freund der ganzen Welt".

Kim ging nicht in eine Schule, so wie die Kinder bei uns, sondern er bereiste schon früh als Jugendlicher ganz Indien und fand überall Lehrmeister, die ihn in manchen Handwerkskünsten unterrichteten.

So kam er eines Tages auch zu Lurgan Sahib, der einen Laden mit allerlei Trödel betrieb. Seine Sorgfalt in der Bearbeitung und Reparatur von Edelsteinschmuck hatte ihm bei seinen Kunden den Namen „Heiler der Juwelen" eingebracht. Am ersten Tag seiner neuen Lehre traf Kim im Laden des Meisters auf Anand-Kumar, der ebenfalls bei Lurgan in die Lehre ging. Der Meister schlug den beiden Lehrlingen sogleich vor, doch das „Spiel der Juwelen" zu spielen. Kim kannte dieses Spiel noch gar nicht, doch Anand-Kumar, der schon länger bei Lurgan in die Lehre ging, war darin sehr geübt. So lief dieser schnell in den hinteren Teil des Ladens, teilte mit den Händen einen alten, aus Holzperlen gefädelten Türvorhang, kramte eine Kupferschale aus allerlei anderen kuriosen Dingen hervor und brachte diese dem Meister. Dieser ließ eine Hand voll Edelsteine in die Schale gleiten. „Schaut euch diese Steine genau an", forderte er die beiden Jungen auf. Nach einer Weile bedeckte er die Schale mit einem Seidentuch und fragte nun, was sie in der Schale denn gesehen hätten.

Vom Eifer gepackt, sprudelte es sogleich aus Kim heraus: „Ich habe fünf blaue Steine gesehen, ein großer, ein etwas kleinerer und drei ganz kleine, dann vier grüne Steine, einer hatte ein Loch, ein gelber Stein ... zwei rote Steine ... und weiter erinnere ich mich nicht!"

„Hier meine Schätzung", platzte es aus Anand-Kumar heraus, er trällerte vor Vergnügen:. „Zuerst sind da zwei Saphire mit Fehlern ... Dann ist da ein Türkis aus Turkestan, ein einfacher mit schwarzen Adern und zwei mit Inschriften, einer mit dem Namen Gottes in Gold und über den anderen läuft ein Riss, weil er aus einem alten Ring genommen ist ..." Kim, erstaunt über den großen Sachverstand des Jungen und über dessen Merkfähigkeit, beschloss im selben Augenblick, seine Wahrnehmung ebenso zu verfeinern und sein Gedächtnis auch so meisterlich zu trainieren.

Das Spiel der Juwelen

Alter: ab 4 Jahren
Material: ein Schatzkästchen mit Halbedelsteinen, ein Tuch

Die Spielleitung liest „Die Geschichte von Kim“ vor, öffnet danach das Schatzkästlein und streut den Inhalt auf das Tuch. Sie bittet die Kinder genau hinzuschauen und verdeckt die Steine mit den Tuchenden. Sie fragt die Kinder: „Nun, was schätzt ihr, wie viele Steine unter dem Tuch liegen?“ Jedes Kind nennt eine Zahl, die es sich selbst merken muss. Danach werden die Steine gemeinsam laut gezählt. Welches Kind kam der tatsächlichen Zahl am Nächsten?
In der Regel verschätzen sich die Kinder gewaltig und geben eine viel zu geringe Menge an, so erleben sie auch den Anreiz, künftig ihre Wahrnehmung verfeinern zu wollen.

Wahrnehmungsspiele von Anfang an

In der Literatur wird im frühesten Kindesalter jede Form von Eigenaktivität (zum Beispiel Strampeln, Lautäußerungen, Fingernuckeln, sich bewegende Objekte mit den Augen verfolgen …) als Spielen bezeichnet. Ich möchte darüber hinaus auch jede Form von liebevoller Zuwendung durch Bezugspersonen miteinbeziehen, denn diese Aufmerksamkeiten legen den Grundstein für das Urvertrauen des Kindes und sind ganz stark im Bereich der Wahrnehmung angesiedelt. Es zeigt sich auch, dass diese ersten Angebote – wie zum Beispiel Schaukeln und Wiegen – auch später in den klassischen Kinderspielen in veränderter Form immer wieder auftreten.

Vom ersten Tag an nimmt das Kind seine Umwelt mit allen Sinnen wahr. Entsprechend seiner vorgeburtlichen Erfahrungen im Mutterleib ist es ihm weiterhin ein großes Bedürfnis von einem Menschen liebevoll umsorgt, getragen, gewiegt und geschaukelt zu werden. Hierbei erfährt es hauptsächlich Anregung in den frühen Wahrnehmungsbereichen, dem somatischen, vestibulären und akustovibratorischen Bereich.

In den ersten Lebenswochen ist das Kind noch nicht aktiver Spielpartner, die Kinder genießen vielmehr das, was mit ihnen gemacht wird, und zeigen ihre Reaktion darauf durch Zufriedenheit. Fehlt diese Anregung, machen die Kinder auf sich aufmerksam, fordern die Zuwendung von den Bezugspersonen ein.

Die Spiele mit den Kleinsten leben von der Wiederholung. So wird ein erster Spannungsbogen aufgebaut – das Kind erahnt schon den „Effekt“ des Spieles … und wird schon bald zu einem aktiven Spielpartner. (s. a. *Spiele im Bad, beim Essen, auf der Wiese …*)

Getragen werden

Am besten ist für das Kind, es in den ersten Monaten, wann immer es möglich ist, einfach mit sich am Körper zu tragen.

Einfache Melodien summen

Mit dem Gefühl, sicher getragen zu sein, freut sich das Kind über selbst gesungene, einfache Melodiefolgen, diese beruhigen das Kind und erinnern es an die gedämpften Töne im Mutterleib.

Kindlein wiegen

Durch einfache, immer wiederkehrende Schaukelbewegungen auf den Armen verbunden mit gesummten Melodien hat das Kind vom ersten Tag an das ganzheitliche Wahrnehmungserlebnis, auf der Welt sicher und geborgen zu sein.

„Aufzugfahren"

Kann das Kind sicher seinen Kopf halten, dürfen die Spiele lebhafter werden. Wir heben das Kind mit beiden Händen in die Höhe und wieder nach unten.

„Bungeejumping" light

Mit ca. 3 Monaten hat das Kind genügend Vertrauen in sich und die Welt, dass es ihm großen Spaß macht, wenn es in der Luft kurz losgelassen und anschließend wieder fest gehalten wird.

Kuschel-Kitzelspiele

Alle Spiele mit Körperkontakt dienen der somatischen Anregung. Das Kind genießt es sehr, gestreichelt massiert und gekitzelt zu werden – egal ob am Bauch oder an den Füßen.

Strampelspiele

Beim Strampeln und Rudern mit den Armen macht das Kind eigenaktiv Erfahrungen im kinästhetischen Bereich. Kuschel-Kitzelspiele (s. o.) regen das Kind zu vermehrten aktiven Bewegungen an.

Bauch blasen

Eine besonders beliebte somatische Anregung ist es für das Kind, wenn wir mit unserem Mund auf seinen Bauch prusten.

Stimmspiele

Variieren wir die Stimme bei der Zuwendung, nimmt das Kind besonders hohe Töne freudig auf.

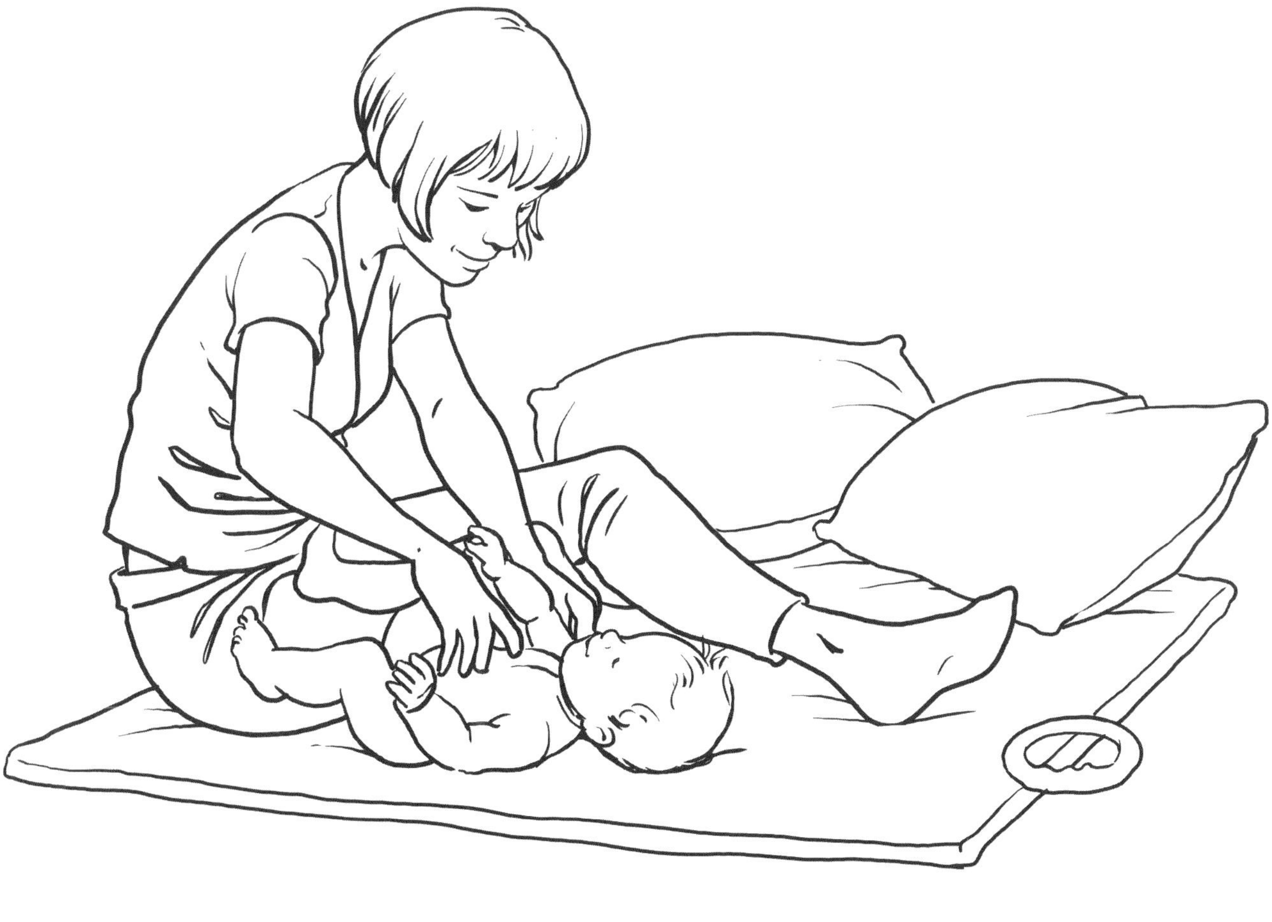

Lautieren

Je mehr wir uns dem Kind stimmlich zuwenden, es die verschiedenen Töne und Klangfarben unserer Stimme hört, um so eher beginnt es aktiv zu lautieren und freut sich seine eigene Stimme variantenreich zu hören.

Fingerschnappen

Mit dem Mund nach den Fingerchen schnappen – so wird die taktile Wahrnehmung besonders lustvoll angeregt.

Erste „Fingerspiele"

Je mehr wir das Kind taktil anregen, umso mehr werden die Fingerchen zur Eigenaktivität angeregt.

„Stuzebock"

Alter: ab 6 Monaten

Dies ist ein Lieblingsspiel von Kindern von einem halben Jahr. Dabei neigen wir unseren Kopf langsam zum Kopf des Kindes, bis beide Köpfe sanft zusammenstoßen. Begleiten wir das Spiel sprachlich und wiederholen es immer wieder, löst es pure Freude aus.

Hopsespiele

Alter: ab 6 Monaten

Kann das Kind sicher sitzen, genießt es wilde Hopsespiele auf den Beinen der Eltern. Dazu halten wir das Kind mit den Händen und unterstreichen die Hopserei mit selbst erfundenen Reimen.

Erste Versteckspiele

Alter: ab 6 Monaten

Mit einem halben Jahr können die Kinder frei sitzen und erforschen auf dem Spielteppich alle Spieldinge. Ihre Feinmotorik und visuelle Wahrnehmung ist so weit entwickelt, dass sie nach verstecktem Spielzeug suchen. Dazu einfach einen Gegenstand unter ein Tuch legen, das Kind wird sofort das Tuch zur Seite ziehen, um den Gegenstand wieder sichtbar zu machen.

Kuckuck da

Alter: ab 6 Monaten

Am meisten genießen die Kleinen es, wenn wir unser Gesicht vor ihren Augen verdecken und wieder erscheinen lassen. Auch können wir uns hinter einem Möbel oder dem Türrahmen „verstecken", um gleich darauf uns wieder zu zeigen. Das Spiel begleiten wir sprachlich mit „Kuckuck? Da!"

Begehbares Bilderbuch

Alter: ab 6 Monaten

Neben dem ersten Hantieren mit Bilderbüchern, gefällt es den Kindern besonders, wenn wir sie auf dem Arm durch die Wohnung tragen und gemeinsam schauen, was es hier alles zu sehen gibt. Dabei benennen wir alle Dinge im Raum. Besonders interessant sind die Dinge, die sich bewegen bzw. einen Effekt erzeugen.

Auf allen Vieren

Alter: ab 6 Monaten

Sobald das Kind krabbeln oder sich anderweitig fortbewegen kann, wird es nicht mehr müde, seinen Bewegungssinn zu verfeinern. Anregen können wir das, indem wir einfach mit ihm krabbeln:

- über die Matratze
- über weichere Betten
- unter Tischen hindurch
- durch Kriechtunnel
- über Kissen, die auf dem Boden liegen
- unter Deckbetten durch …

Spannend ist auch, auf dem Spielteppich über alle verstreut liegenden Materialien hinweg zu krabbeln – je mehr unterschiedliche Bodenbeschaffenheiten das Kind dabei erlebt, umso sicherer wird es in der Balance auf allen Vieren.

Spaziergang auf großen Füßen

Alter: ab 1 Jahr

Auch wenn die Kinder noch nicht sicher laufen können, ist es für sie ein ganzheitliches Erlebnis, wenn wir sie auf unsere Füße stellen, unter den Armen halten und mit ihnen durchs Zimmer spazieren gehen.

Grimassen schneiden

Alter: ab 1 Jahr

Zu den Hopsespielen auf dem Knie können jetzt auch vielfältige Faxen mit Grimassen und ulkigen Lauten gemacht werden. Dieses Quatschspiel führt zu einem herrlichen Dialog, wenn wir auch die Kinder nachahmen.

Wo ist was?

Alter: ab 1 Jahr

Nun sind die Kinder in der Lage, Dinge im Raum zu zeigen. Wir fragen zum Beispiel „Wo ist der Spiegel?“ und die Kinder zeigen dann gerne auf die entsprechenden Gegenstände.

Licht an - aus

Alter: ab 1 Jahr

Eines der schönsten Wahrnehmungsspiele im visuellen Bereich ist es, wenn die Kinder vom Arm aus den Lichtschalter betätigen können – immer begleitet vom Kommentar: „An – aus.“

Tiere spielen

Alter: ab 1 Jahr

Das Spiel ist sowohl ein Nachahmungsspiel als auch ein Wahrnehmungsspiel. Fragen wir danach, wie ein bestimmtes Tier macht, erinnert sich das Kind an Wahrnehmungserlebnisse mit diesem Tier, das Gehirn lässt es ganzheitlich das Erlebte wieder empfinden.
Die Kinder setzen das, was sie über Tiere erfahren haben, in Bewegung und Lauten wieder um. Sie bewegen sich frei im Raum und ahmen das jeweils genannte Tier durch Laute und Bewegung nach.

Wahrnehmungsspiele für drinnen

Kinder ab 2 Jahren sind in der Lage, neben den typischen Kinderspielen, in denen die Wahrnehmung eine große Rolle spielt, auch bewusst Wahrnehmungsspiele als solche zu spielen. Die nachfolgenden Spiele bleiben über die genannten Altersangaben hinaus lange in der Kindheit erhalten. So wird zum Beispiel „Höhlen bauen“ bis ins Schulalter gespielt, klassische Wahrnehmungsspiele wie „Verstecken“ (zum Beispiel eines einfachen Kugelschreibers), können selbst noch in der Erwachsenenbildung im Seminarraum ein wahrer Knüller sein.

Spiele im Zimmer

Höhlen bauen

Das „Höhlenbauen" ist sowohl ein Konstruktionsspiel als auch ein Wahrnehmungsspiel. Wenn die Kinder nach vielen Konstruktionsversuchen endlich in der Höhle sitzen, empfinden sie durch das gedämpfte Licht und die Umhüllung frühe Wahrnehmungserfahrungen ähnlich denen im Mutterleib wieder nach.

Alter: ab 2 Jahren
Material: Decken und oder Matratzen

Die Spielleitung hält für das Spiel die Materialien bereit und hilft den Kindern, wenn diese Probleme beim Bauen haben. Das Spiel wird zusätzlich angeregt, wenn wir uns als Erwachsene auf Einladung auch mit in die Höhle verkriechen.

Partnerkarussell

Ein klassisches Kinderspiel, das die vestibuläre Wahrnehmung ungemein anregt.

Alter: ab 2 Jahren

Die Kinder gehen in Paaren zusammen, halten sich mit überkreuzten Armen an den Händen und drehen sich im Kreis herum.

Etwas im Raum verstecken

Alter: ab 2 Jahren

Alle Kinder gehen aus dem Raum. Die Spielleitung versteckt ein kleines Kuscheltier, das sie den Kindern vorher gezeigt hat. Die Kinder kommen zurück ins Zimmer und suchen das Tierchen. Wer es findet, darf es erneut verstecken.

Was ist verändert?

Alter: ab 2 Jahren

Die Kinder bekommen etwas Zeit, sich im Raum genau umzusehen, bevor sie ihn verlassen. Die Spielleitung verändert drei ganz markante Dinge (z. B. Papierkorb auf den Tisch stellen, Sitzbank umdrehen, Klickerbahn aufs Bett stellen ...) und ruft die Kinder herein. Diese erraten nun, was sich verändert hat.
Hinweis: Wird das Spiel öfter bzw. mit älteren Kindern gespielt, können wir auch weniger auffällige Sachen verändern.

Was fehlt?

Alter: ab 4 Jahren
Material: unterschiedliche Alltags- oder Spieldinge, evtl. Zettel, Stift

Verschiedene Dinge auf dem Tisch in eine Reihe legen. Die Kinder schließen die Augen, während ein Kind einen Gegenstand wegnimmt. Was fehlt? Wer es rät, darf in der nächsten Runde einen Gegenstand wegnehmen ...

Varianten

- **Was hat sich verändert?**
  Die Spielleitung schreibt sich die Reihenfolge der Gegenstände auf einen Zettel. Es wird nun kein Gegenstand weggenommen, sondern ein Kind verändert die Reihenfolge, während die anderen die Augen geschlossen halten ...
- **Was ist dazugekommen?**
  Die Kinder schließen die Augen, ein Kind legt einen oder mehrere Gegenstände dazu ...

Von wo kommt das Geräusch?

Alter: ab 4 Jahren
Material: Schlüsselbund

Ein Kind erhält den Schlüsselbund, die anderen drehen sich mit dem Rücken zum Kind. Das Kind läuft nun kreuz und quer durch den Raum und lässt zwischendurch die Schlüssel klingen. Sobald die anderen das Geräusch hören, drehen sie sich um und zeigen mit ihrer Hand an, aus welcher Richtung das Geräusch kommt.

Was ist zu riechen?

Alter: ab 4 Jahren
Material: verschiedene Lebensmittel (z. B. Kaffee, Kakao, Pfefferminztee, Zimt) und Körperpflegemittel mit eindeutigem Geruch (Badeschaum, Seife…), Döschen oder Schalen
Hinweis: keine ätzenden Gerüche wie beispielsweise Putzmittel verwenden

Vorbereitung: Die verschiedenen Geruchsdinge einzeln in Schalen füllen und mit einem Tuch abdecken.

Die Kinder schließen die Augen. Die Spielleitung führt jeweils ein Schälchen vorsichtig an die Nase der Kinder, bis ein Kind errät, um was es sich handelt. Dieses Kind darf den nächsten Duft aussuchen und die anderen riechen lassen …
Hinweis: Nicht zu viele Gerüche erraten lassen, denn irgendwann ist die Nase sprichwörtlich voll und kann nichts mehr erkennen.

Getränke erraten

Alter: ab 4 Jahren
Material: verschiedene Getränke (Fruchtsäfte, Milch, Kakao, Pfefferminztee …), verschiedene Gläser

Die Kinder schließen die Augen, probieren ein Schlückchen vom Getränk und erraten es dann.

Krabbelsack

Alter: ab 4 Jahren
Material: markante Dinge aus dem Haushalt (z. B. Apfel, Bauklotz, Kuscheltier, Haarbürste, Ball, Auto usw.), Beutel (Sack, Kopfkissenbezug o. Ä.)

In einen Sack oder Kopfkissenbezug füllen wir unbemerkt markante Dinge zum Greifen. Die Kinder setzen sich im Kreis auf den Boden, jeder greift mal in den Sack, krabbelt sich durch die Gegenstände und behält zum Schluss eine Sache in der Hand, ohne die Hand aus dem Sack zu ziehen. Nun sagt das Kind, was es wohl in der Hand hält. Dann zieht es den Gegenstand heraus, um zu prüfen, ob es Recht hatte.

Geräusche raten

Alter: ab 4 Jahren
Material: verschiedene Gegenstände aus dem Alltag, die ein Geräusch erzeugen (Knisterpapier, Glas, Löffel, Schlüssel …)

Die Hälfte der Kinder setzt sich mit dem Rücken zum Geschehen, die anderen Kinder erzeugen nacheinander verschiedene Geräusche (kraftvoll durch den Raum laufen, klatschen, prusten, Gläser klingen lassen, Papier knistern, Schlüssel klingeln …) nach jedem Geräusch, raten die Kinder, was zu hören war.

Variante ab 2 Jahren

Die Kinder setzen sich mit dem Rücken zur Spielleitung, diese wählt Dinge, die ein markantes Geräusch machen, die Kinder raten nun, was es wohl war.

Das Zimmer als Formensortierbox

Alter: ab 2 Jahren
Material: 2 Tücher

Die Kinder suchen im Zimmer fünf Sachen, die rund sind, und legen diese auf ein Tuch, dann suchen sie fünf Sachen, die eckig sind, und legen sie auf ein anderes Tuch. Nun mischen sie die beiden Sorten tüchtig auf einem Tuch. Die Spielleitung deckt die Sachen mit dem anderen Tuch zu. Jetzt kann jedes Kind unter dem Tuch etwas „erkrabbeln" und sagt, ob es rund oder eckig ist. Zum Schluss räumen die Kinder erst die runden Sachen wieder auf ihren Platz, dann die eckigen.
So können wir weitere dreidimensionale Sortierspiele spielen, z. B.:

- alles was groß ist – alles was klein ist
- alles was weich ist – alles was hart ist...

Das Zimmer als Farbzuordnungsspiel

Alter: ab 3 Jahren
Material: 1 großer Farbwürfel

Wir suchen im Zimmer drei Sachen, die gelb sind, dann drei Sachen, die blau sind, anschließend drei grüne und drei rote Sachen. Mit dem Farbwürfel wird reihum gewürfelt und jeweils eine Sache in der angezeigten Farbe weggeräumt. Gewürfelt wird so lange, bis die Sachen wieder aufgeräumt sind.

Sortierspiele

Alter: ab 3 Jahren

Im Zimmer finden sich jede Menge Sortierspielmöglichkeiten je nach vorhandenem Material, z. B.:

- Muggelsteine nach Farben sortieren
- Bauklötze nach Formen oder Farben sortieren
- Buntstifte und Filzstifte sortieren

Das beste Sortierspiel ist das gemeinsame Aufräumen! (vgl. Wahrnehmungsspiele im Alltag, S. 73ff)

Blind bauen

Alter: ab 6 Jahren
Material: Bauklötze, Tuch

Einem Kind werden die Augen verbunden. Ein anderes Kind baut eine Figur aus 10 Bauklötzen vor, das blinde Kind ertastet die Figur und baut sie mit 10 weiteren Klötzen nach. Dann wird das Tuch von den Augen genommen und das Kind kann sehen, ob es die Figur erfasst und richtig nachgebaut hat. Nun ist dieses dran, etwas vorzubauen und das nächste Kind baut diese Figur blind nach. Das Spiel geht so lange, bis jedes Kind einmal dran war.

Wecker verstecken

Alter: ab 4 Jahren
Material: laut tickender Wecker

Alle Kinder gehen aus dem Zimmer. Die Spielleitung versteckt einen Wecker so, dass er nicht mehr sichtbar ist, sein Ticken aber noch gut zu hören ist. Die Kinder betreten das Zimmer wieder und los geht's mit der Weckersuche. Wer ihn gefunden hat, darf ihn neu verstecken.

Kuli verstecken

Alter: ab 6 Jahren
Material: Kugelschreiber

Die Spielleitung zeigt den Kuli allen Kindern und bittet sie aus dem Raum zu gehen. Sie versteckt den Kuli so, dass er im Raum beim genauen Hinschauen immer noch sichtbar ist. Wer den Kuli sieht, verrät es nicht und setzt sich einfach hin. Bei den letzten Mitspielern, die den Kuli noch nicht gefunden haben, können die anderen mit Hinweisen helfen. Beispielsweise je näher die Suchenden dem Kuli kommen, desto „wärmer" wird es, entfernen sich die Suchenden vom Kuli, ruft die Gruppe „kälter".

Schiffe im Nebel

Alter: ab 8 Jahren
Material: Tücher

Die Kinder bilden Paare, eines ist das Nebelhorn, das andere hat die Augen verbunden und „steht im Nebel". Das Nebelhorn führt nun sein „Schiff" durch „tuten" zu einer vorher vereinbarten Stelle im Zimmer. Das „Schiff" muss dabei aufpassen, dass es nicht einem anderen „Nebelhorn" folgt, damit es nicht in einem falschen „Hafen" ankert.

Ich seh etwas, das du nicht siehst

Alter: ab 4 Jahren

Ein Kind beginnt, es sucht sich irgendetwas im Zimmer aus und sagt z. B.: „Ich seh etwas, das du nicht siehst, und die Farbe, die ich meine, ist Rot." Nun schauen sich alle Kinder im Zimmer nach allen Dingen um, die rot sind, und stellen Vermutungen an. Wer richtig rät, ist als nächstes dran …

Spiele im Klassenzimmer

Diese Wahrnehmungsspiele eignen sich zwar auch für jedes andere Zimmer, sind aber besonders „Klassenzimmererprobt“. Sie lockern den Unterricht ungemein auf, weil das Klassenzimmer und die MitschülerInnen mal aus anderer Perspektive und auf witzige Art und Weise erlebt werden – dabei schärfen sie die Sinne wieder für neue Lernerfahrungen.

Klassenzimmerkim

Alter: ab 6 Jahren

Die Spielleitung bittet alle Kinder mit vor die Türe. Dort stellt sie Fragen, die den Raum betreffen, z. B.: Wie viele Fenster hat das Zimmer? Welche Farbe hat der Fußboden? Wie sieht die Heizung aus? Wie sehen die Vorhänge aus? Ist die Tafel offen oder geschlossen? Wie viele Stühle sind im Raum? Wie viele Tische? Was hängt an den Wänden? Wo ist das Klassenbuch? Welche Farbe hat die Zimmerdecke? Und so weiter.

Die SpielerInnen stellen nun jeweils ihre Vermutungen an und sind mindestens genauso platt wie damals Kim bei seinem ersten Wahrnehmungsspiel, denn die Vermutungen über die Einzelheiten gehen oft meilenweit auseinander …
Ist soweit alles nicht geklärt, betritt die ganze Klasse wieder das Zimmer – und es scheint gerade so, als würden sie es zum ersten Mal wirklich sehen.

Klassenzimmer verändern

Alter: ab 6 Jahren

Zwei Mutige gehen aus dem Zimmer. Von den anderen überlegt sich jeder eine gravierende Sache, die er im Raum verändern kann. Meist wandert der Papierkorb auf den Lehrertisch, das Licht wird ausgeknipst, die Vorhänge zugezogen … – es macht unglaublich Spaß, das Klassenzimmer so ins Chaos stürzen zu dürfen …
Werden die Beiden wieder ins Zimmer gerufen, verstehen sie sogleich ihre Spielauf-

gabe. Sobald sie eine Sache benennen, bringt der Verursacher diese Sache wieder an den rechten Platz. Geben die Beiden irgendwann die Fehlersuche auf, nehmen sie Platz und schauen zu, wie die restlichen Dinge wieder an Ort und Stelle wandern …

Kleider tauschen

Alter: ab 6 Jahren

Zwei Mutige verlassen das Zimmer. Die anderen SpielerInnen tauschen untereinander, Jacken, Kappen, auch Ringe, Uhren, Brillen … Die beiden äußern Vermutungen, liegen sie richtig, tauschen die Mitspieler wieder bis am Ende alle ihre persönlichen Dinge tragen.

Schuhsalat

Alter: ab 6 Jahren

Zwei Mutige verlassen das Zimmer. Alle anderen ziehen ihre Schuhe aus und werfen sie wild auf einen großen Schuhhaufen … Betreten die Beiden das Zimmer erneut, liegt die Spielaufgabe klar zu ihren Füßen. Sie sortieren die Schuhe und ordnen ihren MitspielerInnen jeweils ein Paar Schuhe zu. Wer tatsächlich seine eigenen Schuhe bekommen hat, zieht sie an, die restlichen Schuhpaare müssen weiter verteilt werden …

Sitzordnung verändern

Alter: ab 6 Jahren

Zwei Mutige verlassen das Zimmer. Nun tauschen die anderen munter die Sitzplätze – ein munteres KlassenkameradInnensortierspiel kann beginnen!

Bingo im Unterricht

Humorvolle LehrerInnen werden an diesem Spiel ihre Freude haben … Für die Klasse ist es auf jeden Fall ungemein lustig und eine Hilfe, im Unterricht besonders gut aufzupassen. Wie es geht? Na folgendermaßen:

Alter: ab 10 Jahren
Material: Schreibblock, Stift

Die SchülerInnen kennen ja ihre LehrerInnen, deren Lieblingswörter und Lieblingsthemen, genauso das jeweilige Fach und das derzeitige Unterrichtsthema. Vor Unterrichtsbeginnn schreiben alle jeweils neun Wörter/Gesten o. Ä untereinander auf einen Zettel, von denen sie vermuten, dass diese heute wohl im Unterricht auftauchen. Sobald der Lehrer/die Lehrerin ein Wort ihrer Liste im Unterricht anwendet, wird dieses auf dem Zettel durchgestrichen. Wer zuerst alle Wörter auf seinem Zettel durchstreichen konnte, ruft laut „Bingo“. Sofern der Lehrer/die Lehrerin über das Spiel nicht informiert wurde, natürlich nicht zu laut!

Spiele im Kreis

Hier finden sich bekannte und neue Kreisspiele für jedes Alter, die in spielerischer Form wahrnehmungsfördernd sind.

Ringlein wandern

Alter: ab 3 Jahren
Material: ein Ring

Die Kinder halten die Hände mit den Daumen nach oben aneinander. Ein Kind ist Beobachter, ein anderes Kind hält in den Händen den Ring. Mit unten stehendem Lied läuft es nun von Kind zu Kind und streicht mit seinen Händen durch die gefalteten Hände der anderen Kinder. Bei einem Kind lässt es möglichst unauffällig den Ring in dessen Hände gleiten. Nach dem Lied rät das beobachtende Kind in wessen Händen das Ringlein sein könnte. Dreimal darf es raten. Hat es den Ring gefunden, darf dieses Kind nun das Ringlein wandern lassen. Ein neuer Beobachter wird ausgewählt.

Ringlein, Ringlein, du musst wandern
Von dem einen Kind zum andern
Oh wie schön, oh wie schön
Hat zwei Augen, kann mich sehn

Blind Geld zählen und addieren

Ringleinwandern für ältere …

Alter: ab 8 Jahren
Material: verschiedene Geldmünzen mit ungeradem Endbetrag

Die SpielerInnen stellen sich mit den Händen auf dem Rücken eng in den Kreis. Die Spielleitung gibt nach und nach hinterrücks eine Geldmünze nach rechts weiter. Jeder Spieler ertastet zuerst das Geldstück und addiert es zum schon gefühlten Betrag dazu. Sind alle Münzen bei der Spielleitung wieder angekommen, spricht jeder im Kreis seine Vermutung über den Endbetrag aus. Zuletzt legt die Spielleitung alle Münzen in die Mitte des Kreises und zusammen wird der tatsächliche Betrag ermittelt.

Spielzeug zum Leben erwecken

Alter: ab 4 Jahren
Material: Spielzeuge, die beim Spielen ein Geräusch erzeugen

Vorbereitung: Die Kinder suchen alle Spielzeuge zusammen und legen sie in die Mitte des Kreises.

Die Kinder sitzen auf dem Boden, halten die Hände vor das Gesicht und legen den Kopf auf den Schoß. Ein Kind behält die Augen offen und beginnt das Spiel. Es schleicht sich zu den Spielsachen „spielt“ eine Sache und schleicht sich auf den Platz zurück.
Nun öffnen alle die Augen und raten, welches Spielzeug zum Leben erweckt wurde. Wer richtig rät, erweckt das nächste Spielzeug zum Leben …

Hund, Hund dein Knochen ist weg

Alter: ab 3 Jahren
Material: 1 Schlüsselbund

Ein Kind (der Hund) kniet sich in die Mitte und legt den Kopf in seinen flachen Händen auf den Boden. Vor ihm liegt der Schlüssel (Knochen).
Die Kinder im Kreis wählen stumm unter sich ein Kind aus. Dieses schleicht sich an den „Hund“ an, nimmt möglichst geräuschlos den Schlüssel vom Boden auf, schleicht sich lautlos auf seinen Platz zurück und versteckt den Schlüssel hinter seinem Rücken. Sodann ruft die ganze Kinderschar: „Hund, Hund, dein Knochen ist weg!“ Das Kind in der Mitte rät nun, welches Kind den Schlüssel haben könnte.

Münzen wandern

Gespielt wird diesmal an einem großen Tisch.

Alter: ab 8 Jahren
Material: 1 große Münze, evtl. Zettel und Stift

Die SpielerInnen teilen sich in zwei Gruppen und sitzen sich am Tisch gegenüber. Gruppe A beginnt und lässt die Münze unter dem Tisch von Hand zu Hand wandern, möglichst so unauffällig, dass die andere Gruppe nicht erkennen kann, wo sich die Münze gerade befindet. Nach einer Weile ruft ein Spieler aus der Gruppe B: „Hände hoch!" Die SpielerInnen der Gruppe A ballen ihre Hände zu Fäusten und setzen die Arme mit den Ellenbogen auf die Tischkante. Ruft der Spieler „Hände flach auf den Tisch", lassen in diesem Moment alle SpielerInnen der Gruppe A möglichst gleichzeitig ihre Hände mit dem Handrücken nach oben auf den Tisch fallen. Nun rät der Spieler der Gruppe B, unter welcher Hand die Münze liegt. Richtig geraten, gibt ein Punkt für Gruppe B, falsch geraten, gibt einen Punkt für Gruppe A (evtl. die Punkte notieren). Weiter geht die Münzwanderung bei Gruppe B … Waren alle SpielerInnen aus beiden Gruppen einmal mit Raten dran, werden die Gesamtpunkte ermittelt.

Hänschen piep einmal

Alter: ab 4 Jahren
Material: 1 Halstuch

Die Kinder sitzen im Kreis. Einem Kind werden die Augen verbunden. Die Spielleitung dreht das Kind einige Male, so dass es nicht mehr so orientiert ist und führt das „blinde" Kind behutsam zu einem Kind und setzt es auf dessen Beine. Das blinde Kind sagt nun „Hänschen piep einmal" und das sitzende Kind piept dreimal. Das blinde Kind rät daraufhin, wer das Hänschen wohl sein könnte. Hat es keine Idee, darf es die Haare des Kindes abtasten. Fällt ihm immer noch nichts dazu ein, lässt es das Hänschen noch einmal piepen …

Wer fehlt?

Alter: ab 4 Jahren
Material: 1 Decke

Zwei Kinder verlassen den Raum, ein Kind versteckt sich unter der Decke. Die Kinder kehren zurück ins Zimmer und erraten nun, welches Kind fehlt. Kommen sie nicht darauf, können sie das Kind unter der Decke auch ertasten. Spätestens beim Kitzeln erraten sie, wer da unter der Decke lacht.

Tierfamilien bilden

Ähnlich dem Tiere spielen mit zwei Jahren (S. 22), kommen jetzt neue Herausforderungen auf die Kinder ab 4 zu.

Alter: ab 4 Jahren
Material: jeweils 2–4 gleiche Tierbilder einer Tierart (z. B. Hund, Schwein, Schaf, Pferd, Katze, Huhn …)

Die Kinder ziehen verdeckt ein Kärtchen und bewegen sich mit der entsprechenden Bewegung und entsprechendem Tierlaut quer durch den Raum, um die eigene Tierfamilie zu finden.

Familie Maier

Hier die Spaßvariante des obigen Spiels für Ältere.

Alter: ab 8 Jahren
Material: Zettel, Stift, pro Familie 1 Stuhl

Spielvorbereitung: Die Spielleitung schreibt jeweils auf einen Zettel: Mutter Maier, Vater Maier, Tochter Maier, Sohn Maier. Je nach Gruppengröße gibt es weitere Familiennamen: Müller, Schmitz, Schulze ... Bei ungerader Teilnehmerzahl gibt es eventuell noch einen Dackel bei Müllers und so fort.
Die Stühle an der Wand entlang in einer Reihe aufstellen. Die Zettel mischen und verdeckt auf den Boden legen.

Auf ein Startzeichen stürzen sich nun alle SpielerInnen auf die Zettel und fangen laut zu rufen an, je nach dem, was auf ihrem Zettel steht. So finden sich die Familien in einem lauten Geschrei schließlich und setzen sich in der Reihenfolge Vater, Mutter, Sohn und Tochter auf einen Stuhl.
Die Familie, die zuerst in richtiger Reihenfolge auf ihrem Stuhl sitzt, hat das Spiel gewonnen.

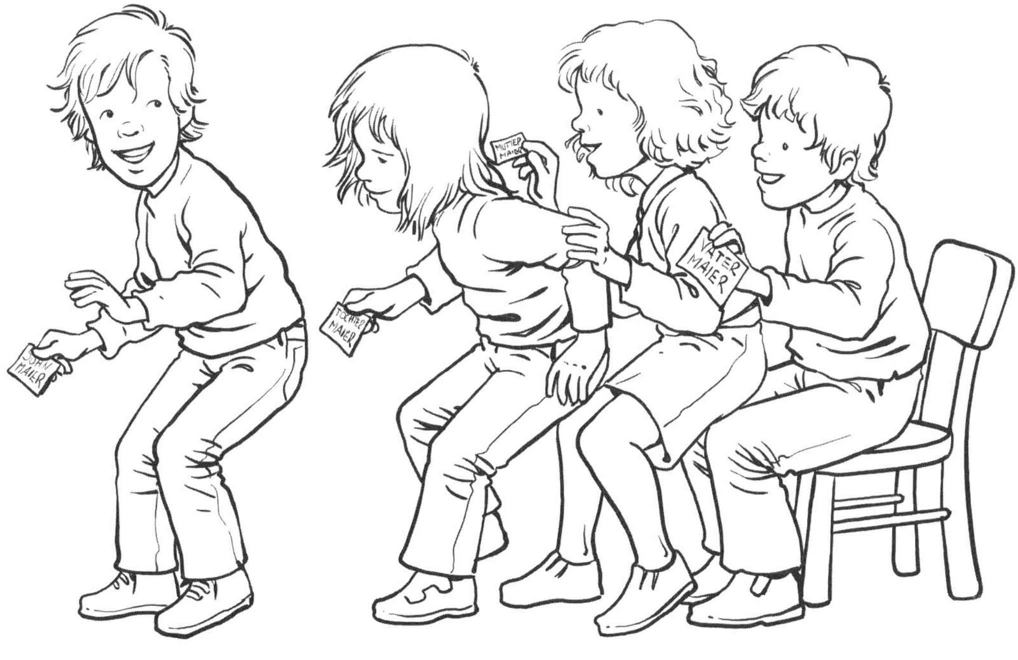

Liedermatsche

Und hier noch einmal ein Zuordnungsspiel, diesmal in Liedversion.

Alter: ab 6 Jahren
Material: vorbereitete Zettel

Die Spielleitung bereitet Zettel vor, auf denen die Titel der aktuellen Lieblingslieder der Kinder stehen. Je nach Anzahl der Kinder zum Beispiel bei 16 Kindern vier Lieder, jeder Titel erscheint dann auf vier Zetteln …

Die Zettel liegen verdeckt auf dem Boden, jedes Kind zieht einen Zettel (wer noch nicht lesen kann, fragt schnell die Spielleitung nach dem Lied).
Auf ein Startzeichen singen die Kinder die Lieder alle auf einmal und wild durcheinander, bis sich die Kinder gefunden haben, die jeweils das gleiche Lied auf den Lippen haben.

Ich packe meinen Koffer

Alter: ab 6 Jahren

Die Spielleitung beginnt: „Ich packe meinen Koffer und packe eine Haarbürste ein." Das nächste Kind im Kreis fährt fort: „Ich packe meinen Koffer, packe eine Haarbürste und Schuhe mit ein." So ergänzt jedes weitere Kind den Kofferinhalt um ein weiteres Reiseutensil – und nichts darf vergessen werden!

Zublinzeln

Alter: ab 6 Jahren

Die Kinder gehen zu zweit zusammen und stellen sich jeweils hintereinander auf. Das hinten stehende Kind hält seine Hände auf dem Rücken. Alle Paare stehen in einem großen Kreis, nur ein Kind steht alleine. Es versucht durch Zublinzeln ein vorne stehendendes Kind zu sich zu locken. Bemerkt ein Kind, das vorne steht, dass es angeblinzelt wird, rennt es so schnell es kann zum blinzelnden Kind und stellt sich hintendran. Sein eigenes Partnerkind versucht es daran zu hindern, indem es blitzschnell die Arme um das Kind legt.

Mörderspiel

Alter: ab 8 Jahren

Die Kinder stehen im Kreis und schließen die Augen. Die Spielleitung läuft einmal um den Kreis herum. Wer die Hand der Spielleitung spürt, weiß, dass er für diese Spielrunde der Mörder ist. Auf ein Zeichen der Spielleitung öffnen alle wieder die Augen. Der Mörder mordet durch Zublinzeln. Wer angeblinzelt wurde, lässt sich mit einem theatralischen Aufschrei zu Boden sacken. Glaubt jemand von den SpielerInnen, den Mörder zu kennen, äußert er seine Vermutung.

- Wer falsch rät, muss ebenfalls augenblicklich zu Boden fallen.
- Wer den Mörder entlarvt, übernimmt für die nächste Runde die Spielleitung.

Bandenchef

Bei diesem Spiel geht es neben der Wahrnehmung auch um Kooperation.

Alter: ab 10 Jahren

Die Kinder sitzen im Schneidersitz auf dem Boden im Kreis. Ein Kind in der Mitte ist der Detektiv, der den Bandenchef enttarnen möchte.
Im Kreis läuft nun die stumme Entscheidungsphase, wer dieses Mal der Bandenchef sein wird. Hat sich jemand entschieden, Bandenchef zu sein, macht er immer wieder die gleiche Handbewegung (auf Knie klopfen, mit einer Hand winken, sich mit einer Hand am Kopf kratzen ...). Da eine Bande ihren Chef deckt, müssen die anderen Kinder sofort die Handbewegung ihres selbsternannten Chefs übernehmen. Ändert der Chef seine Bewegung, muss die Gruppe schnell reagieren und diese sofort auch übernehmen.
Der Detektiv darf drei Vermutungen anstellen, wer der Bandenchef sein könnte.

- Hat er ihn enttarnt, bleibt er Detektiv und darf den nächsten Bandenchef erwischen.
- Sind seine Vermutungen falsch, wird der Bandenchef neuer Detektiv ...

Dirigenten raten

Weniger „kriminell" geht es bei folgendem Spiel zu.

Alter: ab 8 Jahren

Die Kinder sitzen auf Stühlen im Kreis. Ein Kind sitzt in der Mitte.
Ein Kind beginnt pantomimisch ein Instrument zu spielen und ist somit Dirigent des Orchesters. Alle anderen ahmen sofort das Instrument ihres Dirigenten nach. Das Kind in der Mitte versucht herauszufinden, wer Dirigent ist. In geeigneten Augenblicken wechselt der Dirigent das Instrument, schließlich soll ja ein ganzes Orchester entstehen.

Flüsterpost

Alter: ab 6 Jahren

Ein Kind denkt sich ein Wort aus und flüstert es für die anderen nicht hörbar seinem rechten Nachbarn ins Ohr. Dieser gibt es ebenso an den rechten Nachbarn weiter, bis das Wort einmal im Kreis herum geflüstert wurde. Das letzte Kind in der Reihe sagt nun das Wort, das es verstanden hat, laut in die Gruppe.
Der Witz dabei ist, dass sich das Wort in den meisten Fällen total verändert, bis Nonsens dabei herauskommt. Dies erheitert die Gruppe ungemein.

Gerüchteküche

Hier die Flüsterpostvariante für Ältere

Alter: ab 10 Jahren
Material: Zettel, Stift

Ein Kind geht vor die Tür, denkt sich ein Gerücht aus, das mit der Gruppe, der Schule etc. ziemlich viel zu tun hat, aber eben erfunden ist, und schreibt es auf den Zettel. Das Gerücht sollte 15 Informationen enthalten, wobei einige Informationen wichtig, die anderen aber unwichtig sind. Es liest sein Gerücht einem der Kinder vor der Tür vor. Dieses geht in den Kreis zurück und flüstert es seinem rechten Nachbarn ins Ohr. So macht das Gerücht seine Runde bis zum letzten Kind, das nun laut erzählt, was ihm geflüstert worden ist. Danach wird verlesen, was das Urgerücht war. Ähnlich wie bei der Flüsterpost verändert sich das Ganze ungemein.

Telegramm drücken

Alter: ab 6 Jahren

Ein Kind steht in der Mitte, die anderen halten sich im Kreis an den Händen fest. Ein Kind beginnt das Spiel, indem es sagt „Ich schicke ein Telegramm an ...“ (Name eines Mitspielers), dann wartet es auf einen geeigneten Moment, drückt die Hand eines Nachbarn und sagt danach: „Telegramm abgeschickt!“

- Wenn das Kind in der Mitte an irgendeiner Stelle ein Drücken sieht, deutet es sofort mit dem Finger hin und sagt: „Hier!“ Stimmt es, geht das Kind, das „sichtbar“ gedrückt hat, in den Kreis und schaut nun der nächsten Telegrammvermittlung zu.
- Entdeckt das Kind das Telegramm nicht, ruft der Adressat: „Angekommen!“

Telegramm trommeln

Alter: ab 8 Jahren

Die Kinder sitzen so eng im Kreis, dass die Knie des linken und rechten Nachbarn die eigenen Knie berühren. Alle heben die Hände nach oben und legen sie auf das Knie des rechten und linken Nachbarn. Die Spielleitung beginnt, indem sie mit der rechten Hand auf das linke Knie des rechten Nachbarn klopft, jetzt ist die nächste Hand rechts daran das Telegramm weiter zu trommeln, die gehört aber nicht dem rechten Nachbarn, sondern dem Nachbarn rechts daneben.

Das Telegrammtrommeln richtet sich nach den Händen und nicht nach den dort sitzenden Personen, das führt zu herrlichen Verwirrungen. Wer zu früh klopft, nimmt diese Hand aus dem Spiel. Bei zweimaligem Klopfen wechselt noch dazu die Richtung.

Telefax

Alter: ab 8 Jahren
Material: 2 Malblocks, 2 Bleistifte

Die SpielerInnen setzen sich hintereinander auf den Boden. Die Spielleitung malt etwas auf einen Block und zeigt es dem hinteren Kind der Reihe. Es betrachtet das Bild und zeichnet es auf den Rücken des vorderen Kindes, das überträgt es weiter … und so wandert das Bild zum ersten Kind der Reihe. Dieses überträgt es wieder auf Papier.

Die Bilder des Senders und Empfängers werden verglichen. Nun wird der erste Spieler zum Sender, malt etwas auf, stellt sich hinten an, zeigt sein Bild und schon geht die Übertragung nach vorne los …

Die Welt ist rund

Genaue Beobachtung hilft hier den „Code" zu knacken!

Alter: ab 8 Jahren
Material: 1 Stecken (80 cm)

Die Kinder sitzen im Kreis. Die Spielleitung hält den Stecken in der linken Hand und erklärt der Gruppe, dass sie jetzt etwas vormacht und die anderen es genau so nachmachen sollen. Wer es richtig macht, bleibt weiter im Spiel, verrät aber nicht, woran es liegt.
Dann wechselt sie den Stecken in die rechte Hand und beginnt mit dem Stecken auf den Boden einen Kreis zu zeichnen. Dabei sagt sie das Sprüchlein: „Die Welt ist rund, die Welt ist rund, sie hat zwei Augen, Nas und Mund" und tupft in die Mitte des Kreises Augen, Nase und Mund, wie bei dem typischen „Mondgesicht".

Nun gibt die Spielleitung den Stecken nach rechts weiter.
Der erste Spieler versucht sein Glück, nimmt den Stecken mit der rechten Hand an und macht eigentlich alles richtig … hat aber nicht bedacht, dass die Spielleitung den Stecken zuerst in der linken Hand hielt. Die Spielleitung sagt zu ihm, dass es nicht richtig war. Der Spieler gibt nach rechts weiter und so geht es nun im Kreis herum, die Spielleitung kommentiert jedes Mal, ob es richtig oder falsch war.
Ist der Stecken wieder bei der Spielleitung angekommen, nimmt diese mit links an, übergibt in die rechte Hand und beginnt von vorne. Nach und nach entdecken die SpielerInnen den Code. Gespielt wird so lange, bis alle den Code geknackt haben.

Am laufenden Band

Alter: ab 6 Jahren
Material: 1 Decke oder Leintuch, verschiedene Gegenstände aus dem Zimmer

Die SpielerInnen stellen sich in eine Reihe. Zur Spielvorbereitung legt die Spielleitung nun hinter ihrem Rücken schnell ein paar Dinge aus dem Zimmer in einer Reihe auf die Decke. Nun heißt es „Am laufenden Band“ und die Spielleitung zieht die Decke an der Reihe der SpielerInnen vorbei. Diese versuchen sich schnell die Gegenstände und die richtige Reihenfolge zu merken. Zur Vereinfachung kann die Spielleitung ein zweites Mal an der Gruppe vorbeiziehen, dazu dreht sich jeder um einen halben Kreis um und die Spielleitung zieht ein zweites Mal vorbei.
Danach deckt die Spielleitung die Gegenstände zu und die Gruppe setzt sich im Kreis um die verhüllten Gegenstände. Im Kreis herum sagt jetzt jeder die Reihenfolge. Wer richtig rät, übernimmt für die nächste Runde die Spielleitung.

Steckbrief

Alter: ab 8 Jahren

Die SpielerInnen stehen mit dem Gesicht nach außen im Kreis. Ein Kind beginnt das Spiel und beschreibt eine Person aus der Gruppe als Steckbrief. Die anderen können nun raten, wer gemeint ist, oder durch weitere Fragen dem „Steckbrief“ etwas hinzufügen.

- Wer falsch rät, ist aus dem Spiel und setzt sich auf den Boden.
- Wer richtig rät, gibt einen neuen Steckbrief raus.

Drei Äpfel

Steckbrief-Variante für Jüngere

Alter: ab 4 Jahren

Die Spielleitung erzählt am Anfang von einem Kind aus der Gruppe, zählt seine „Heldentaten“ auf, beschreibt das Äußere des Kindes und so weiter. Das betreffende Kind soll dabei möglichst genau beschrieben werden, sowohl vom Aussehen, als auch von der Art. Am Ende der Geschichte ruft die ganze Gruppe: „Drei Äpfel sind vom Himmel gefallen, einer gehört dem Erzähler, einer dem Zuhörer ...“ Das Kind, welches meint, dass es HeldIn der Geschichte war, fährt fort: „... und der dritte Apfel mir!“ Stimmt die Vermutung, darf es der Spielleitung den Namen eines anderen Kindes leise ins Ohr flüstern und

gemeinsam mit ihr als „ErzählerIn und ZuhörerIn“ von den Heldentaten dieses Kindes berichten.
Am Ende der Geschichte ruft wieder die ganze Gruppe: „Drei Äpfel sind vom Himmel gefallen …“

Blinder Schuhverkäufer

Alter: ab 6 Jahren
Material: Tücher zum Augenverbinden

Die Kinder bilden Paare – das eine setzt sich als Kunde auf einen der Stühle im Kreis, das andere ist der blinde Schuhverkäufer und bekommt die Augen mit einem Tuch verbunden.
Die Kunden ziehen jeweils einen Schuh aus und legen ihn in die Kreismitte, so entsteht ein großer Schuhhaufen. Die blinden Schuhverkäufer haben jetzt die Aufgabe, möglichst schnell den richtigen Schuh ihres Kunden blind zu ertasten und ihm anzuziehen. Dabei kommt es natürlich auch zum wilden Handgemenge der blinden Schuhverkäufer im großen Schuhdurcheinander.
Gewonnen hat, wer zuerst seinen Kunden passend „bedient“ hat.

Blindgänger

Alter: ab 6 Jahren
Material: 1 Tuch

Die Gruppe stellt sich zu einem Labyrinth auf, indem die Kinder miteinander verschiedene Gänge bilden. Dem ersten Kind werden die Augen verbunden. Es tastet sich durch das Labyrinth. Ist es im Innern angelangt, geht’s wieder nach außen zurück. Das Spiel geht so lange, bis jeder einmal im Labyrinth war.
Das Labyrinth verändert natürlich immer wieder seine Form …

Der gordische Knoten

Alter: ab 6 Jahren

Die Kinder stellen sich zu einem engen Kreis zusammen. Sie schließen die Augen und greifen wahllos nach zwei Händen. Sie öffnen die Augen und sind nun miteinander „verknotet“.
Gelingt es ihnen ohne die Hände loszulassen, durch drehen, übersteigen und so weiter den Knoten zu lösen?

Auto fahren

Alter: ab 6 Jahren

Die Kinder bilden Paare.
Vorne steht jeweils das Auto:

- Es kann natürlich nicht sehen (Kind schließt bei Spielbeginn die Augen),
- hat aber eine Stoßstange (Hände vor dem Köper mit den Handflächen leicht geöffnet nach oben).

Hinten steht der stolze Autobesitzer.
Der Autofahrer lenkt sein Auto, indem er mit den Händen leicht die Schultern des Partners in die jeweilige Richtung drückt oder durch Anhalten bremst.
Auf Startsignal der Spielleitung geht's los: 1. Gang, 2. Gang, 3. Gang im wilden Durcheinander kreuz und quer durch den Raum fahren, rückwärts einparken und die Rollen tauschen …

Waschanlage

Die Autos sind bei einer wilden Fahrt schmutzig geworden. Und jetzt? Klar: Ab in die Autowaschanlage!

Alter: ab 6 Jahren

Die SpielerInnen stellen sich in zwei Reihen gegenüber auf, sodass eine „Waschstraße" entsteht.
Die Kinder überlegen sich den Ablauf in einer Waschstraße, z. B.:

- Die ersten besprühen das Auto mit Wasser (trommeln mit allen Fingern auf den Körper des Spielers).
- Die nächsten bilden die Walzen (drehen sich beim Weiterfahren eng um das Auto).
- Zum Schluss erfolgt Unterbodenwäsche und Heißwachs mit tüchtigem Polieren (die Kinder am Ende der Reihe machen kreisende Bewegungen mit den Handflächen).

Wilde Spiele durchs Haus

Treppenrutschen

Alter: ab 6 Jahren

Schöner als auf der Rutsche beim Spielplatz lässt es sich von der Treppe herunter rutschen – ein ganzheitliches Rüttel- und Sausvergnügen für Po und Glieder mit hohem Spaßfaktor. Wer es weicher haben will, klemmt sich ein Kissen untern Po.

Verstecken

Dieses Lieblingsspiel vieler Kinder ist nicht nur ein Spiel der visuellen Wahrnehmung, sondern ein ganzheitliches Erlebnis aller Sinne voller Spannung.

Alter: ab 3 Jahren

Wer kennt es nicht, sich unter ein Bett zu schieben oder in einen Kleiderschrank zu drücken und still zu verharren, bis man gefunden wird.
Noch mehr Spaß macht es, wenn die Erwachsenen mitspielen!

Erschrecken

Alter: ab 4 Jahren

Genauso spannend ist, hinter einem Türpfosten still zu verharren, den ankommenden Schritten zu lauschen, um dann im richtigen Moment mit einem „Huh!“ den anderen zu erschrecken.

Bettenspringen

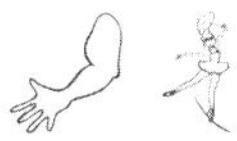

Alter: ab 6 Jahren

Von der Kommode oder dem Schrank aus aufs Bett zu springen, das ist eine Herausforderung für den Bewegungssinn und das Vestibulärsystem, schöner noch als in der Hüpfburg bei Kinderfesten.

Nicht den Boden berühren

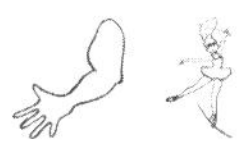

Das hat schon Pippi Langstrumpf vorgemacht!

Alter: ab 4 Jahren

Mit der Spielregel: „Einmal durch die Wohnung ohne den Boden zu berühren“, fördern wir den Bewegungs- und Gleichgewichtssinn ungemein.

Türrahmensetzen

Alter: ab 6 Jahren

Die Kinder halten sich rechts und links am Türrahmen fest und kraxeln barfuß mit gespreizten Beinen die Innenfüllung des Rahmens hoch, bis sie die Kante des oberen Türrahmens erreichen können. Dort halten sie sich gut fest und drehen sich nun mit dem Rücken zum einen Rahmen. Gleichzeitig stemmen sie beide Füße in den anderen Rahmen. So lässt es sich einigermaßen entspannt und sicher im Türrahmen sitzen.

Übrigens: Besonders lustig ist es, wenn die Kinder gleichzeitig z. B. alle Türen in einem Schulflur „besetzen“. Betritt ein Uneingeweihter den Gang, wird er total überrascht sein über dieses ungewohnte Bild.

Deckenschlitten

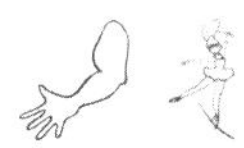

Alter: ab 4 Jahren
Material: 1 Decke, glatter Fußboden (Fliesen, PVC, Laminat, Parkett)
Hinweis: Nicht auf Teppichboden durchführen!

Ein Kind setzt sich auf die Decke, die anderen ziehen es in wilder Schlittenfahrt kreuz und quer durch den Raum!

Kunstreiten auf der Sofalehne

Alter: ab 4 Jahren

Ein Vergnügen der kinästhetischen Art bereitet das Voltigieren auf der Sofalehne:

- freier Stand auf beiden Beinen, Arme seitlich gestreckt
- freier Stand auf einem Bein – Arme seitlich gestreckt
- halbe Fahne: aus dem Vierfüßlerstand erst das rechte Bein gerade nach hinten strecken – zurück und das linke Bein strecken.
- Fahne: aus dem Vierfüßlerstand das linke Bein nach hinten und den rechten Arm nach vorne strecken … zurück und umgekehrt …

Mit dem Spiegel durch die Wohnung

Das war ein Lieblingsspiel von mir.

Alter: ab 4 Jahren
Material: Handspiegel

Wenn wir einen normalen Handspiegel unter der Nase mit der Spiegelfläche nach oben halten, ist es uns möglich an der Decke – zumindest visuell – spazieren zu gehen. Wie komisch, wenn wir in einen neuen Raum treten und dabei erst mal über den Türsturz steigen müssen. Wenn die Zimmerlampe wie eine Blume mit Stängel in der Mitte des Raumes zu stehen scheint und wir sie einmal umrunden. Nur Vorsicht, wir müssen auch wissen, wo ein Tisch darunter steht, um nicht „anzuecken“.

Schatz suchen

Alter: ab 4 Jahren
Material: Schatz nach Belieben und Alter der Kinder

Kein Geburtstag ohne Schatzsuche. Kinder ab vier sind nun in der Lage, planvoll das ganze Haus nach einem Schatz zu durchforsten.
Erwachsene helfen mit kleinen Tipps zum Aufenthaltsort des Schatzes.

Rübenziehen

Alter: ab 8 Jahren

Die Hälfte der Kinder sind die Rüben. Sie legen sich mit dem Gesicht zur Kreismitte auf den Boden, verschränken ihre Arme kreuz und quer und halten sich so gegenseitig gut fest – sie „verwurzeln".
Die andere Hälfte der Kinder sind die Rübenzieher. Und jeder weiß ja, dass man Rüben am besten gemeinsam anpackt! Nun ziehen die Rübenzieher, was das Zeug hält an einer Rübe nach der anderen – bis alle Rüben gezogen sind!

Alle auf einen Stuhl

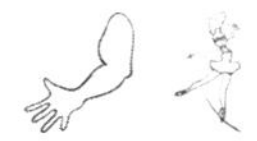

Da sind Balance, Durchhaltevermögen und Kooperation gefragt …

Alter: ab 8 Jahren

Das Spiel erklärt sich schon vom Namen her. Die Kinder versuchen, möglichst alle auf einem Stuhl Platz zu finden …

Lebende Figuren würfeln

Alter: ab 6 Jahren
Material: Kreide oder Paketband und Klebeetiketten, 1 Würfel

Die Gruppe malt oder klebt ein Spielfeld aus 12 Kästchen auf den Boden. Jedes Kästchen erhält eine Zahl von 1–6, jede Zahl kommt also zweimal vor.
Jedes Kind würfelt einmal und stellt seinen Fuß in ein Kästchen mit gleicher Zahl. Es würfelt ein zweites Mal und muss jetzt mit einer Hand in ein betreffendes Kästchen. Dabei entstehen die lustigsten Figuren – und wieder einmal ist Balance gefragt …

Spiele im Dunkeln

Kinder lieben Spiele im Dunkeln. Wenn die Augen nicht sehen, schärfen sich die anderen Sinne ungemein. Auch Spiele mit diversen Lichtquellen im sonst abgedunkelten Zimmer machen besonders Spaß, weil hier außergewöhnliche Seherlebnisse stattfinden.

Taschenlampenspiele

Alter: ab 4 Jahren
Material: 1 Taschenlampe für jedes Kind

Die Kinder gehen mit ihrer angeschalteten Taschenlampe ins abgedunkelte Zimmer und setzen sich dort in den Stuhlkreis. Jedes Kind darf sich nun eine Spielart mit der Taschenlampe aussuchen, z. B.:

- Alle leuchten zur Decke.
- Alle leuchten auf den Boden.
- Jedes Kind malt einen Gegenstand mit der Taschenlampe an die Decke, die anderen raten, was es ist.

- Ein Kind gibt eine Bewegung mit der Taschenlampe vor, die andern machen es nach.
- Ein Kind „führt" mit der Taschenlampe, ein anderes folgt seinem Weg.
- Ein Kind gibt einen bestimmten „Lichtrhythmus" mit der Taschenlampe vor, indem es die Lampe an- und ausschaltet, die anderen machen den „Lichtrhythmus" nach.
- Alle singen gemeinsam ein Lied, bei bestimmten „Reizwörtern" schalten sie die Taschenlampen kurz ein.
- Auf ein bestimmtes Musikstück die Taschenlampen im Takt ein- und ausschalten.
- Spot an! Ein Kind leuchtet einen Gegenstand aus dem Zimmer an, wer den Gegenstand zuerst erkennt, ruft es laut aus.
- Mit der Taschenlampe die Hände anleuchten und Handschattenspiele an die Wand projizieren.

Spiel mit bunten Taschenlampen

Alter: ab 4 Jahren
Material: verschiedenfarbiges Transparentpapier, Scheren, Klebestreifen, evtl. Musik

Aus dem Transparentpapier farbige Kreise ausschneiden und auf das Glas der Lampe kleben. Den Raum verdunkeln.

Die Spielleitung gibt verschiedene Spielmöglichkeiten vor:

- Alle grünen Taschenlampen leuchten, alle gelben … und so fort.
- Alle gelben Taschenlampen malen Kreise an die Decke, alle roten fahren im Zickzack über die Wände …
- Verschiedene Taschenlampen leuchten nun auf einen Punkt, z. B:. gelbe und grüne oder blaue und rote treffen sich – was passiert?

Sardinenbüchse

Alter: ab 6 Jahren

Die Kinder versammeln sich als Sardinenschwarm vor der Tür. Der dunkle Raum ist die Sardinenbüchse. Jedes Kind weiß, dass Sardinen immer ganz eng nebeneinander in der Büchse liegen.
Ein mutiges Kind beginnt, betritt alleine das dunkle Zimmer, sucht sich einen Platz auf dem Boden und legt sich hin. Das ist die Obersardine. Nach einer gewissen Zeit geht das nächste Kind ins Zimmer, sucht ohne zu reden im Dunkeln die Obersardine. Wenn es glaubt, diese gefunden zu haben, legt es sich eng daneben. So geht es nach und nach, bis alle Sardinen in der Büchse liegen. Die Spielleitung macht das Licht an, doch was ist das? Da gibt es ja mehrere Grüppchen, die einen liegen da, die anderen dort …

Schneewittchen, bist du es?

Alter: ab 8 Jahren

Die Kinder stehen im Kreis im Dunkeln. Die Spielleitung schreitet einmal um den Kreis, wer ihre Hand auf der Schulter spürt, weiß: „Ich bin Schneewittchen!“
Der Kreis löst sich auf und alle „Zwerge“ und Schneewittchen laufen im Dunkeln durch den Raum. Treffen sich zwei Kinder, gibt es immer das gleiche Begrüßungsritual: Sie geben sich die Hand zum Gruß und das eine Kind fragt: „Schneewittchen bist du's?“ Ist es nicht Schneewittchen, so fragt auch das zweite: „Schneewittchen bist du's?“ Bekommt ein Zwerg keine Antwort vom Gegenüber, weiß er, dass er Schneewittchen gefunden hat und nimmt es wortlos an die Hand. Fragt ihn nun wieder ein Zwerg „Schneewittchen bist du's?“, bleibt er auch stumm und der neue Zwerg nimmt auch stumm seine Hand. Nach und nach sammelt Schneewittchen so alle Zwerge ein.

Abendbrot im Dunkeln

Alter: ab 8 Jahren
Material: alles was zum Abendbrot gut schmeckt, entsprechendes Geschirr, evtl. Rübenfolie (Landmarkt) zum Verdunkeln der Fenster

Die Kinder decken wie gewohnt den Abendbrottisch. Nun wird das Licht gelöscht. Und der Spaß geht los.
Zuerst nehmen alle Platz. Jedes Kind orientiert sich und ertastet vorsichtig mit den Händen, was sich in seiner Nähe befindet, damit es sich bedienen oder auch anderen wie gewohnt Gewünschtes reichen kann. Dann werden die Gläser gefüllt, aber so, dass keiner „verleppert“. Nun ist die Frage, wer das Brot vor sich hat und wer das Brot schneiden könnte …

Leuchtsternchen

Alter: ab 4 Jahren
Material: phosphoreszierende Leuchtsternchen (Spielladen)

Den Raum verdunkeln. Jedes Kind beleuchtet seinen phosphoreszierenden Stern mit der Taschenlampe, damit das Sternchen „auflädt“. Danach alle Taschenlampen ausschalten. Die Kinder halten ihre leuchtenden Sternchen auf der flachen Hand und laufen kreuz und quer durchs dunkle Zimmer, das sieht aus, als hätten sie die Sterne vom Himmel geholt. Die Sternchen verlieren nach und nach an Leuchtkraft, bis es wieder ganz dunkel im Raum ist.

Fingertiere

Alter: ab 6 Jahren
Material: starke Lichtquelle (Overheadprojektor, Baustellenlampe, Scheinwerfer)

Den Raum abdunkeln. Jedes Kind überlegt sich ein Tier, das es mit dem Schatten seiner Hände formen kann. Es hält die Hände entsprechend vor die Lampe, die anderen raten, was es sein könnte, und machen es mit ihren Händen vor der Lampe nach. (Hund, Katze, Vogel …)

Menschenschatten

Alter: ab 8 Jahren
Material: großes weißes Leintuch, 1 starke Lichtquelle (Overheadprojektor, Baustellenlampe, Scheinwerfer), je nach eigenem Fundus weitere Spielmaterialien, Pappen etc.

Vorbereitung: Hinter der Leinwand mit etwas Abstand eine starke Lichtquelle aufstellen. Den Raum verdunkeln, damit die Schatten besser wirken.

Die Kinder bilden Dreiergruppen. Jede Gruppe überlegt sich selbst ein Schattenspiel und organisiert sich entsprechende Requisiten.
Nun spielt eine Gruppe nach der anderen vor. Die anderen raten, was gespielt wurde.
Hinweis: Darauf achten, dass die SpielerInnen nah hinter der Leinwand spielen, sonst sind ihre Schatten zu ungenau.

Geisterbahn

Alter: ab 8 Jahren
Material: dickes Seil, Wolle, alle möglichen Gegenstände zum Ertasten (feuchte Tücher, Kuscheltiere, Watte, Schaumstoff, Plastiktüten, Schwamm, verschiedene Stoffe, Sandpapier, Gummitiere, Feuchtigkeitscreme etc.)
Ort: Raum, der leicht abzudunkeln ist und in dem wenige Gegenstände stehen. Meist ist hierzu der Keller gut geeignet.

Spielvorbereitung:
Ein dickes Seil wird in Hüfthöhe einmal quer durch den Raum gespannt. Das eine Seilende ist am Eingang des Raumes, das andere Seilende am Ende des Raumes befestigt. Verschiedene Gegenstände am Seil befestigen, die sich bei Dunkelheit sonderbar anfühlen: feuchte Tücher, Kuscheltiere, Watte, Schaumstoff, Plastiktüten, einen Schwamm, verschiedene Stoffe, Sandpapier, Gummitiere etc. Besonders eklig fühlt es sich an, wenn etwas Feuchtigkeitscreme auf das Seil gestrichen wird.

An der Decke ebenfalls Dinge befestigen. Hierzu eignen sich verschieden lange Wollfäden, in Streifen geschnittene Mülltüten, Perlenvorhänge etc.

Für die **Hintergrundgeräusche** gruselige Geräusche (am besten selbst) zusammenstellen, z. B.: Töpfe, die aneinandergeschlagen werden, knisternde Folien, Stimmengeräusche wie Schreie, Flüstern, Kichern, verschiedene Schrittgeräusche, Klopfgeräusche auf Holz, das Laufen eines Wasserhahnes, Toilettenspülung, Staubsaugergeräusche etc.

Spielablauf:
Die Kinder stellen sich hintereinander vor die Tür der „Geisterbahn". Die Spielleitung stellt die Geräusche an, löscht das Licht und ruft das erste Kind herein. Sie führt es durch den Raum. Der „Geisterbahnfahrer" tastet sich dabei am Seil entlang. Hat das Kind den unheimlichen Gang überstanden, wird das Licht angeschaltet, damit es sehen kann, was es alles berührt hat. Es bleibt als unsichtbarer Geist im Raum und hilft ab sofort mit, den anderen mit schaurigen Geräuschen das Gruseln zu lehren.
Das Licht wird wieder ausgestellt und das nächste Kind betritt die Geisterbahn …

Spiele im Schwarzlicht

Material: Schwarzlichtlampen (Elektrofachhandel, Baumarkt)

Für das Spiel im Schwarzlicht benötigen wir eine Schwarzlichtlampe. Sie sendet ultraviolettes Licht aus. Mit diesem Licht werden fluoreszierende Stoffe sichtbar, das sind Stoffe, die die Eigenschaft besitzen, während der Dauer einer Belichtung selbst zu leuchten. Die Lampen strahlen nur eine geringe UVA-Strahlung aus, dennoch sollte zur Lampe ein Abstand von zwei Metern gewahrt werden, damit die Augen nicht gereizt werden. Wenn es die räumlichen Verhältnisse erlauben, können die Lampen an der Decke befestigt werden. So schauen die Kinder automatisch nicht hinein. Auch soll nicht länger als 15 Minuten in dem Licht gespielt werden.
Hinweis: Beim Umgang mit der Schwarzlichtröhre ist Vorsicht geboten; fällt sie hinunter oder tritt jemand auf die Röhre, ist sie kaputt. Wenn die Röhre der Schwarzlichtlampe zerbricht, gehört sie in den Sondermüll, da hier ein quecksilberhaltiges Gas austritt. Im Handel werden auch Röhren angeboten, die in einem Metallgehäuse liegen und von einem Gitter abgedeckt werden.
Schwarzlichtlampen werden im Elektrofachhandel und in Baumärkten geführt.

Was leuchtet im Schwarzlicht?
Die größte Leuchtkraft besitzen alle weißen Leintücher und klassischen Baumwollhemden und -hosen, besonders jene, die mit Waschmitteln gewaschen sind, die „das reinste Weiß" versprechen. Das liegt daran, dass diese Waschmittel so genannte optische Aufheller, bzw. fluoreszierende Farbpigmente enthalten und so tatsächlich weißer wirken – gerade auch im Schwarzlicht. Nicht jedes Weiß leuchtet im Schwarzlicht. Von daher gilt es immer, die Materialien vorher auszuprobieren!
Gewöhnliche Farben leuchten im Schwarzlicht nicht. Es leuchten nur jene Farben, die so genannte Leuchtpigmente besitzen. Diese Leuchtpigmente können das Licht der UV-Lampe als sichtbares Licht wieder abgeben.
Hinweis: Wer weitere Anregungen zum Spiel im Schwarzlicht sucht, dem sei das Buch „Das Zauberlicht", S. Günther, Ökotopia Verlag, empfohlen.

Zehn kleine Zappelmänner

Alter: ab 4 Jahren
Material: weiße Baumwollhandschuhe (Apotheke, Berufsbekleidung), Schwarzlichtlampe

Hinweis: Sind die Handschuhe zu groß, werden sie in kochendem Wasser kleiner und passen den Kinderhänden – und mit etwas Waschmittel mit „Aufheller" kann ihre Leuchtkraft noch gesteigert werden!

Die Kinder ziehen die Baumwollhandschuhe an und setzen sich in den Stuhlkreis. Die Spielleitung verdunkelt den Raum und schaltet die Schwarzlichtlampe an. Die Kinder sind überrascht, wie toll ihre Hände jetzt leuchten.
Besonders gut kommen die Hände zur Geltung mit dem bekannten Fingerspiel „Zehn kleine Zappelmänner":

Zehn kleine Zappelmänner
zappeln auf und nieder
Zehn kleine Zappelmänner
tun das immer wieder
Zehn kleine Zappelmänner
zappeln hin und her
Zehn kleinen Zappelmännern
fällt das gar nicht schwer
Zehn kleine Zappelmänner
zappeln rund herum
Zehn kleine Zappelmänner,
die sind gar nicht dumm
Zehn kleine Zappelmänner
spielten mal Versteck
Und – husch warn se weg!

Seilschlange im Schwarzlicht

Alter: ab 4 Jahren
Material: leuchtendes Seil (weißes Baumwollseil oder neonfarbenes, großes Springseil), Schwarzlichtlampe

Zwei Kinder schlagen das Seil und die Gruppe überlegt gemeinsam verschiedene Spielmöglichkeiten, z. B.:

- im Kreis schlagen
- in Wellenbewegungen schlagen
- als Schlange auf dem Boden bewegen

Den Raum verdunkeln. Die Kinder beobachten die Wirkung bei Schwarzlicht: Durch die Trägheit des Auges wird nicht mehr das Seil als solches wahrgenommen, sondern es entstehen verschiedene Farbschattierungen oder Hell-dunkel-Schattierungen. So wirkt das geschlagene Seil wie Lichtspuren eines Laserlichtes.
Die Kinder wechseln sich ab.

Spiel mit leuchtenden Tüchern

Alter: ab 4 Jahren
Material: leuchtende Chiffontücher (Rhythmik-Material), sanfte Musik, Schwarzlichtlampe

Alle Kinder suchen sich zwei Tücher aus, halten diese fest und stellen sich im Kreis auf. Den Raum verdunkeln und die Schwarzlichtlampe einschalten.
Zur Musik probieren die Kinder verschiedene Bewegungsmöglichkeiten mit den leuchtenden Tüchern aus:

- auf und ab schwingen
- hin und her schwingen
- im Kreis schwingen
- sich im Kreis damit drehen
- im Kreis damit laufen
- mit den Tüchern winken

Modenschau im Schwarzlicht

Alter: ab 4 Jahren
Material: weiße oder neonfarbene Kleidung (Baumwollhemden, Hosen, Kappen, Socken etc.) Musik, Schwarzlichtlampe

Die Kinder wählen aus dem großen Kleiderberg Kleidungsstücke aus und ziehen diese über.
Den Raum verdunkeln und die Schwarzlichtlampe einschalten.
Zur Musik „präsentiert" die Spielleitung die verschiedenen „Modelle". Die Kinder laufen dabei „gekonnt" über einen Laufsteg – wie bei einer Modenschau.

Indische Göttin

Dieser gemeinsame Tanz der Hände sieht sehr schön aus, weil es scheint, als gehörten die vielen Hände nur einer Person.

Alter: ab 5 Jahren
Material: weiße Baumwollhandschuhe, Musik, Schwarzlichtlampe

Die Kinder ziehen die weißen Handschuhe an, nehmen hintereinander Aufstellung und verstecken ihre Hände auf dem Rücken. Das vordere Kind bewegt seine Arme seitlich am Körper im Wechsel auf und ab (ist die rechte Hand oben, muss die linke Hand unten sein). Nach und nach nehmen die anderen Kinder diese Bewegung auf.

Spiele zum Entspannen

Von Entspannung sprechen wir, wenn sich der Pulsschlag von 70 bis 120 Schlägen pro Minute (bei Aufregung) auf 60 Schläge/Minute verringert und über längeren Zeitraum in diesem Zustand gehalten wird. Sind wir entspannt, werden wir ruhiger, wir „schalten ab", unsere Gedanken haben assoziativen Charakter, die Atmung verläuft gleichmäßiger und tiefer, die Gliedmaßen entspannen, wir sprechen von entspanntem Muskeltonus. Nach einer Phase der Entspannung haben wir ein wenig Abstand gewonnen zum Alltag: Wir haben zu unserer Mitte gefunden, haben Kraft getankt. Wir fühlen uns ausgeruht, frisch, die Gedanken fließen freier, wir können neue Sichtweisen gewinnen und Alltagsgeschehnisse neu betrachten. Kinder finden durch Wahrnehmungsspiele zum Entspannen zu einer intensiveren Körperwahrnehmung, zu einer besseren „Erdung" und mehr Konzentration.

Fantasiereisen

Bei Fantasiereisen verfolgen Kinder die gesprochene Geschichte der Spielleitung und wenden sich erlebten Bildern ihrer eigenen Fantasie zu. So erreichen sie nicht nur einen tiefen Erholungszustand, gleichzeitig erweitern sie die eigene Erlebnisfähigkeit. Eine große Rolle spielt bei den Fantasiereisen die emotionale Zuwendung des Erzählenden. Oft ist es gar nicht so bedeutend, was der Erzähler sagt. Das Gesprochene kann zum plätschernden Hintergrund werden und die Kinder nehmen es nur als Klangteppich wahr, um in der eigenen Fantasie spazieren zu gehen. Haben wir ein bisschen Übung mit Fantasiereisen, können wir spontan welche gestalten. Um auf Themen zu kommen, eignen sich besonders die Anregungen im Kapitel *Wahrnehmungsspiele für draußen* (S. 82ff). Denn genau wie diese Wahrnehmungsspaziergänge durch die Natur können wir sie auch in die Fantasie unternehmen. Hier nun ein Beispiel:

Hinweis: Wer weitere Anregung will, dem sei das Buch „Snoezelen – Traumstunden für Kinder", S. Günther, Ökotopia-Verlag, empfohlen.

Das Zauberkügelchen

Alter: ab 4 Jahren

Die Spielleitung liest nachfolgenden Text und achtet darauf, hinter jedem Satz immer Pausen zu lassen, damit die Kinder auch die Möglichkeit haben, sich das Gesagte wirklich vorzustellen.

Stellt euch vor, mitten im Bauch, etwas über dem Bauchnabel, habt ihr ein Zauberschatzkästchen. Öffnet ihr das Schatzkästchen, könnt ihr ein kleines goldenes Zauberkügelchen sehen. Dieses Zauberkügelchen hat Zauberkraft, denn überall, wo es im Körper hin rollt, fühlt ihr euch wohlig warm und tief entspannt. Bewegt werden kann das Zauberkügelchen mithilfe eures Atems. Wenn ihr jetzt tief einatmet, kann das Zauberkügelchen aus dem Schatzkästlein heraus rollen. Ihr atmet tief ein und wieder aus. Das Kügelchen rollt im Bauch nach unten und wieder hoch. Das wiederholt ihr ein paar Mal.

Nun versucht ihr, das Zauberkügelchen mit eurem Atem bis an die rechte große Fußzehe zu schicken. Vielleicht rollt die Kugel beim ersten Atem nur bis zum Knie, dann versucht ihr beim zweiten Atemzug sie ganz nach vorne in den Fuß zu schicken. Mit dem Ausatmen rollt das Kügelchen immer wieder zurück in sein Kästchen..

Überall dort, wo die Zauberkugel war, fühlt ihr euch warm und entspannt.
Ihr schickt die Kugel mit dem nächsten Atemzug

- *ins linke Bein,*
- *dann in den rechten Arm,*
- *in den linken Arm,*
- *dann die Wirbelsäule hoch bis in den Kopf, sie rollt auch über das Gesicht, über die Stirn, um die Augen, die Lippen, die Wangen, die Nase, die Ohren …*

Wenn die Zauberkugel überall gewesen ist, dann spielt ihr mit ihr noch im Bauch, wie es euch beliebt. Wenn ihr überall entspannt seid, dann holt ihr die Zaubermurmel in euer kleines Schatzkästchen zurück und lasst sie dort ruhen – und immer, wenn ihr euch entspannen wollt, könnt ihr sie mit eurem Atem wieder auf Reisen schicken."

Kreismassage

Alter: ab 6 Jahren

Die Kinder setzen sich im Kreis hintereinander auf den Boden und massieren sich gegenseitig den Rücken. Die Spielleitung massiert auch ein Kind und begleitet die Massage sprachlich, damit die Kinder das Gleiche tun können.

Sich getragen fühlen

Alter: ab 8 Jahren
Material: 1 Bodenmatte

Ein Kind legt sich in Rückenlage auf die Bodenmatte und schließt die Augen. Die anderen stellen sich entlang der Matte so auf, dass sich jeweils zwei Kinder in Höhe der Füße, der Waden, des Pos (schwerste Stelle!), des Rückens, der Schultern und des Kopfes gegenüber stehen. Gemeinsam knien sich die Tragekinder zum Wiegekind und geben sich unter dem liegenden Kind paarweise die Hand.
Auf ein vereinbartes Zeichen gehen sie langsam mit dem Kind in die Höhe – dabei sprechen sie nicht, denn das stört das Wiegekind beim Entspannen!
Stehen alle sicher, beginnt die Spielleitung, ein einfaches, immer wiederkehrendes Wiegenlied zu summen. (s. a. „Kindlein wiegen", S. 18)
Die Tragekinder summen mit und wiegen dabei das Wiegekind sanft zur Melodie hin und her. Endet das Wiegenlied, beenden die Tragekinder das Wiegen, gehen behutsam wieder in die Hocke und legen das Wiegekind sanft auf die Unterlage. Die Hände lassen sie noch einen Moment unter dem Kind und ziehen sie erst dann vorsichtig hervor. Das Wiegekind darf noch einen Moment nachspüren, dann öffnet es die Augen und nimmt Kontakt zur Gruppe auf.

Kuchen backen

Alter: beliebig
Material: Bodenmatten

Die Spielleitung spricht den folgenden Text frei und greift dabei Ideen der Kinder auf. Dabei massiert sie auch ein Kind, damit die Kinder die Geschichte besser in Bewegung umsetzen können.

Wir wollen heute Kuchen backen. Geht in Paaren zusammen. Ein Kind wird zum Backbrett, es legt sich bäuchlings auf die Matte. Das andere Kind wird zum Kuchenbäcker. Da ein Backbrett nicht reden kann, sind die liegenden Kinder ganz ruhig und schließen am besten die Augen. Die Kuchenbäcker legen ihre Hände auf den Rücken ihres Backbrettes. Was braucht man denn alles, um einen Kuchen zu backen?

(Ideen der Kinder aufgreifen)

Zuerst schütten wir das Mehl auf das Backbrett.

Die Kuchenbäcker streifen mit den Händen über den Rücken des Partners

Nun schlagen wir drei Eier auf.

Mit der rechten Hand das Ei formen (alle Fingerspitzen berühren sich) und mit den Fingerspitzen einmal auf den Rücken klopfen und die Fingerkuppen auseinander streichen, als würde sich das Ei nun auf dem Backbrett ausbreiten

Was braucht man noch für einen Kuchen? Butter.

Imaginäre Butter aus der Folie auspacken, mit dem Handrücken auf dem Backbrett in kleine Stücke zerteilen.

Die Butter müssen wir gut unter den Teig kneten.

Mit kräftigen Massagebewegungen den imaginären Teig verkneten.

Was brauchen wir noch? Rosinen.

Eine imaginäre Tüte aufreißen und mit den Fingerkuppen auf den Rücken trommeln, so, als würden ganz viele Rosinen in den Teig purzeln.

Nüsse.

Auf den Rücken trommeln, als würden ganz viele Nüsse in den Teig purzeln.

Wir verkneten alles wieder tüchtig

Kräftige Massagebewegungen, s. o.

Oh — der Teig ist zu zäh, da schütten wir noch ein wenig Milch darüber.

Mit der Handkante über den Rücken streifen

Dann kneten wir nach und nach alle weiteren Zutaten unter. Was fehlt denn noch?

Die Kinder nennen weitere Zutaten, die sie je nach Beschaffenheit wie oben beschrieben unterkneten.

Ist der Teig fertig, formen wir einen runden Teigkloß und wellen ihn aus.

Die Kinder deuten mit beiden Händen das Formen an und streichen den Rücken nach allen Seiten aus

Nun schieben wir das Backblech in den Ofen und backen unseren Kuchen bei 200°.

Die Kinder legen ihre Hände auf den Rücken des Partners und belassen sie dort, dadurch entsteht tatsächlich Wärme.

Die liegenden Kinder bestimmen durch lautes Klingelzeichen, wann der Kuchen fertig gebacken ist.
Danach die Rollen tauschen.

Päckchen packen

Alter: beliebig
Material: Bodenmatten

Die Kinder gehen paarweise zusammen. Ein Kind wird zum Päckchen, es legt sich mit dem Rücken auf die Bodenmatte und schließt die Augen. Das andere Kind wird zum Päckchenpacker.
Die Spielleitung spricht untenstehenden Text frei und greift Ideen der Kinder auf. Sie packt ebenfalls ein imaginäres Päckchen, damit die Kinder die Bewegungen leichter nachvollziehen können.

Heute pack ich ein Päckchen für meinen Freund.
mit den Händen Rumpf und Beine des liegenden Kindes zusammenfalten
Zuerst muss ich das Päckchen aber gut verschnüren.
den Kopf des Kindes auf die Knie legen und den ganzen Körper des Kindes fest zusammendrücken
Mit ein paar Klebestreifen klebe ich das Päckchen zu.
mit Zeigefinger und Daumenkuppe über den Körper des Kindes streifen
Mit einem Kuli schreibe ich die Adresse meines Freundes auf das Päckchen
mit dem Zeigefinger Name und Adresse des Päckchenkindes aufschreiben, NichtschreiberInnen tun nur so, als ob
Noch eine Briefmarke draufkleben –
mit dem Daumen auf das Päckchenkind drücken
und schon kann ich das Päckchen zur Post bringen.
mit beiden Armen das Päckchenkind fest umklammern und hin und her wiegen
Auf der Post angelangt, hieve ich das Paket auf den Postschalter.
mit beiden Händen das Päckchen leicht anheben und wieder auf die Matte sinken lassen
„Oje, ist das ein schweres Päckchen“, stöhnt der Postbeamte. „Ich will es mal gleich in den großen Postsack geben.“
das Päckchenkind wieder leicht anheben und wieder senken
Da kommt der Postausfahrer, er schnappt sich den Sack und bringt ihn zu seinem Postauto.
das Kind mit beiden Armen gut durchrütteln
Der Postzusteller lässt den Motor an und los geht es in wilder Fahrt. Erst fährt der Postfahrer nach rechts,
Päckchenkind nach rechts neigen,
dann nach links,
Päckchenkind nach links neigen
über einige Schlaglöcher.
Päckchenkind tüchtig durchrütteln
Oh, eine rote Ampel! – Vollbremsung!
Päckchenkind auf den eigenen Schoß hieven und wieder auf die Matte sinken lassen
Ah, da vorne ist das Haus! Hier halte ich mal an.
mit beiden Armen das Päckchenkind wieder zu sich herziehen und zur Ausgangsposition zurück kommen

So jetzt trage ich das Päckchen zum Haus, die Stufen hoch bis zur Eingangstüre.

das Päckchenkind wieder gut durchschütteln

Ah, endlich geschafft, nun noch an der Türe geklingelt: „Guten Tag ich habe hier ein Päckchen für Sie!" Da freut sich der Freund aber sehr. Aufgeregt packt er das Päckchen wieder aus.

das Päckchenkind wieder auseinander falten

Und wie der Freund sieht, was in dem Päckchen ist,

Kopf des Päckchenkindes in beide Hände nehmen

da ruft er laut: „Mein Gott, hab ich ein schönes Päckchen bekommen!"

Trockendusche

Alter: beliebig

Die Kinder stehen im Kreis. Die Spielleitung leitet das Spiel mit folgenden Worten ein:

Guten Morgen alle beisammen! Stellt euch vor, ihr habt grade ausgeschlafen und seid jetzt aus dem Bett aufgestanden. Was macht ihr da?

Irgendein Kind sagt bestimmt: „Duschen"

Also gut. dann duschen wir jetzt.

Eine Hand zur Dusche formen und über den Kopf halten

Zuerst seifen wir uns tüchtig ein. Begonnen wird dabei am linken Arm von den Fingerspitzen bis zur Schulter. Danach wird der rechte Arm entsprechend „eingeseift". Alsdann wird der Rücken „gewaschen", der Po und zum Schluss das linke und das rechte Bein.

Kreisende Bewegungen über den ganzen Körper machen

Eine leichte „Haarwäsche" darf natürlich auch nicht fehlen, hierbei wird die Kopfhaut leicht massiert.

Mit den Fingerspitzen den Kopf massieren.

Sind alle eingeseift, wird der Schaum vom Körper wieder abgeduscht. Wir waschen die Seife von den Armen, dem Po, den Beinen und aus den Haaren

Mit der Handfläche über die entsprechenden Körperteile streichen.

Jetzt nur noch abtrocknen.

Imaginäres Handtuch anzeigen und typische Frottierbewegungen machen.

Zaubershampoo

Alter: beliebig

Die Kinder gehen zu zweit zusammen. Ein Kind ist Frisör, das andere Kunde. Der Frisör kniet hinter dem Kunden und beginnt imaginär die Haare zu waschen (den Kopf des Kindes mit kreisenden Bewegungen der Fingerkuppen massieren). Das Zaubershampoo in die Haare gut einmassieren, denn überall wo es war, fühlt sich der Kunde erfrischt und entspannt.

Bilder malen auf den Rücken

Alter: ab 4 Jahren

Jeweils zwei Kinder sitzen hintereinander auf dem Boden. Das hintere Kind denkt sich ein einfaches Motiv aus (Sonne, Haus, Blume o. Ä.), malt es mit dem Finger deutlich auf den Rücken. Das vordere Kind rät, was das sein könnte.
Größere Kinder können auch Buchstaben oder Zahlen malen.

Lebende Hängematte

Alter: ab 5 Jahren
Material: 1 Decke, Bodenmatte

Ein Kind legt sich auf die Decke. Die anderen verteilen sich um die Decke (je drei auf einer Längsseite), halten diese an den Rändern und Zipfeln fest. Gleichzeitig heben sie die Decke an und wiegen das Kind in der Hängematte langsam und gleichmäßig nach links und nach rechts.

Wetterbericht auf dem Rücken

Alter: beliebig
Material: Bodenmatte

Ein Kind legt sich bäuchlings auf die Bodenmatte, es wird zur „Wetterkarte". Das andere Kind kniet sich daneben auf den Boden und setzt den „Wetterbericht" der Spielleitung mit den Fingern auf dem Rücken der „Wetterkarte" um. Die Spielleitung erzählt unten stehende „Wetteransage" frei nach und macht die entsprechenden Bewegungsabläufe vor.

Meine sehr verehrten Damen und Herren. Hören Sie nun den Wetterbericht für den morgigen Tag: Nachdem sich die Frühnebel gelichtet haben,

mit der Hand über den Rücken streichen

erwartet uns zunächst ein heißer Tag mit viel Sonnenschein.

beide Hände auf den Rücken des Kindes legen und wärmen

Am Mittag ziehen einige Quellwölkchen auf.

mit den Händen kreuz und quer über den Rücken streichen

Gebietsweise kann es zu vereinzelten Schauern kommen.

mit den Fingerkuppen an verschiedenen Stellen des Körpers sachte trommeln

Im Norden kann es vereinzelt Wärmegewitter geben, mit Blitzschlag und Donnergrollen.

mit dem Zeigefinger Blitze auf den Rücken malen und mit den Fäusten sachte (!) auf den Rücken trommeln

Wenn sich die örtlichen Gewitter wieder verzogen haben, scheint die Sonne bis zum späten Abend.

beide Hände wieder auf den Rücken des Partners legen und noch einen Moment so verweilen

Förderband

Alter: ab 4 Jahren
Material: Bodenmatte

Alle Kinder legen sich dicht nebeneinander auf den Bauch und bilden so das Förderband. Das letzte Kind in der Reihe wird zum Koffer und von der Spielleitung auf das Förderband gelegt. Dabei darauf achten, dass das Kind die Arme ausstreckt, sonst verletzt es die anderen mit den Ellenbogen.

Die unten liegenden Kinder drehen sich nun alle über die linke Schulter auf den Rücken und weiter wieder auf den Bauch. So kommt das Förderband in Bewegung und das Päckchen rollt automatisch auf dem Förderband weiter bis zum ersten Kind.

Dort legt es sich vor das erste Kind und wird so auch zum Förderband. Das nächste Kind am Ende wird zum Päckchen und auf die gleiche Weise von den Kindern „befördert".

Wahrnehmungsspiele im Darstellenden Spiel

Nachahmung setzt Wahrnehmung voraus, drum eignen sich Spiele im darstellenden Bereich auch gut, um sich und andere bewusster wahrzunehmen.

Was müssen das für Bäume sein?

Alle Spiellieder im Kreis, bei denen die Kinder Bewegungen nachahmen, eignen sich zur Wahrnehmung. Hier eines als Beispiel:

Alter: ab 3 Jahren

Gemeinsam singen die Kinder folgendes Lied im Kreis und ahmen die Bewegungen der Spielleitung nach:

Was müssen das für Bäume sein,
Die Arme beschreiben einen großen Kreis
wo die großen
Die rechte Hand wird weit zur Decke gestreckt
Elefanten spazieren gehen
Den linken Arm beugen und den rechten als Elefantenrüssel hineinlegen und nun die Arme hin und her schwingen
ohne sich zu stoßen.
Die Ellenbogen auseinander drücken
Rechts sind Bäume,
Rechte Hand weist nach rechts
Links sind Bäume
Linke Hand weist nach links
und dazwischen Zwischenräume,
Handflächen aneinander legen und auf und ab wippen
wo die großen
Rechte Hand zeigt zur Decke
Elefanten spazieren gehen
Den linken Arm beugen und den Rechten als Elefantenrüssel hineinlegen und nun die Arme hin und her schwingen
ohne sich zu stoßen
Die Ellenbogen auseinander drücken.

Elefant - Kaninchen - Palme

Alter: ab 6 Jahren

Die Kinder stehen im Kreis. Ein Kind geht in die Mitte. Sobald es auf ein Kind deutet und einen der drei Begriffe nennt, muss dieses Kind mit seinen beiden Nachbarn die genannte Figur darstellen:

Elefant Das mittlere Kind formt die Arme zum Rüssel (linken Arm beugen und den rechten als Elefantenrüssel hineinlegen und hin und her schwingen) und seine Nachbarn zur Rechten und Linken bilden große Elefantenohren dazu.

Palme Das Kind in der Mitte ist der „Baumstamm", die anderen beiden werden zu „Palmwedeln" rechts und links am Stamm.

Kaninchen Das mittlere Kind geht in die Hocke und zeigt „Hasenpfötchen". Die Nachbarkinder setzen mit dem Unterarm „Hasenohren" auf seinen Kopf.

Schnell geht es jetzt mit Elefant-Kaninchen-Palme im Kreis herum. Wer nicht aufpasst oder etwas „falsch" macht, geht als „Bestimmer" in die Mitte.

Bei älteren Kindern geht's richtig lustig zu, wenn noch mehr Begriffe mit ins Spiel kommen, z. B.:

Küchenmaschine Das Kind in der Mitte hebt die Arme und zeigt Drehbewegungen mit den Händen, die Nachbarn drehn sich darunter als „Quirle"

Toaster Die beiden äußeren Kinder reichen sich die Hände und das Kind in der Mitte hüpft als „Toast" zwischen beiden nach oben.

Spiegelpantomime

Alter: ab 8 Jahren
Material: evtl. Entspannungsmusik zur Untermalung

Die Kinder gehen paarweise zusammen und stellen sich mit genügend Abstand zu den anderen Paaren einander gegenüber auf. Das eine Kind steht vor dem Spiegel und gibt die Bewegungen vor, das andere ist das Spiegelbild und macht alle Bewegungen möglichst synchron und zeitgleich mit. Nach einer Weile wechseln beide die Rollen.

Kettenpantomime

Alter: ab 8 Jahren

Fünf SpielerInnen gehen vor die Tür. Die anderen überlegen sich eine längere, zusammenhängende Tätigkeit wie „Reifenwechseln", „Tanken", „Einkaufen" oder „Windelwechsel".
Der erste Spieler wird hereingerufen, ein Spieler aus der Gruppe spielt ihm diese Tätigkeit ohne Worte pantomimisch vor. Der Spieler muss sich möglichst alle Details merken und spielt sie dem Nächsten vor. Nach und nach werden Details weggelassen, kommen flüchtige Bewegungen der Spieler dazu, bis der letzte Spieler überhaupt keine Ahnung mehr hat, was er da eigentlich tut. Zum Schluss wird nochmal die Anfangspantomime gezeigt.

Grimassen schneiden und weitergeben

Lockert die Mimik, fördert die Körperwahrnehmung und macht Spaß.

Alter: ab 6 Jahren

Die Kinder sitzen im Kreis. Das erste überlegt sich eine Grimasse, macht diese dem rechten Nachbarkind vor. Dieses übernimmt sie und gibt sie dem nächsten weiter …

Zeitlupe

Alter: ab 8 Jahren

Die SpielerInnen überlegen sich verschiedene Sportarten (Tennis, Golf, Fußball, Handball) und spielen diese pantomimisch in Zeitlupe in der Gruppe.

Einer fängt an

Alter: ab 8 Jahren

Ein Kind oder die Spielleitung überlegt sich eine Szene mit vielen Beteiligten (im Restaurant, auf der Baustelle, im Kino usw.) und fängt an pantomimisch zu spielen. Wer eine Idee hat, was das wohl sein könnte, steigt mit ein und übernimmt für sich eine neue Tätigkeit, die zum Thema passt. Das Spiel geht so lange, bis alle SpielerInnen in das Spiel miteinbezogen sind.

Spiele mit Musik

Musik ist ein ganzheitliches Hörerlebnis der akustischen und akustovibratorischen Wahrnehmung. Wir hören Klänge, erzeugen selbst Klänge, wir singen und produzieren so Töne mit unserer eigenen Stimme. Wir können die Schwingungen der Töne und Klänge im Körper spüren und die gefühlten Klänge und Töne in Bewegung umsetzen, tanzen.

Diese ganzheitliche Erfahrung wirkt harmonisierend auf unsere Stimmung und auch harmonisierend auf eine Gruppe. Um dieses ganzheitliche Wahrnehmungsphänomen bewusst zu machen, folgen hier einige Angebote vom frühen Kindesalter an.

Klangdusche

Alter: ab 3 Jahren
Material: Schlagzeug-Becken, Schlägel

Wenn wir ein Schlagzeug-Becken über unseren Kopf halten und leicht mit einem Schlägel daran schlagen, spüren wir körperlich die Töne auf uns niederrieseln wie den Wasserstrahl einer Dusche. So halten wir das Becken und fragen die Kinder, wer mal eine Musikdusche möchte. Beim „Duschen" nur ganz leicht das Becken anschlagen. Wir fragen die Kinder wie sich das anfühlt.

Töne fühlbar machen

Alter: Säuglingsalter

Wenn wir ein Baby tragen, empfindet es dabei ein ganzheitliches akustovibratorisches Hörerlebnis, weil es unsere Stimme beim Sprechen und Singen auch über den Brustkorb vibrieren spürt.

Klangtisch

Alter: ab 2 Jahren
Material: tragbarer CD-Player, beliebige Musik, Tisch

Ein Kind legt sich auf den Tisch. Die Spielleitung hält einen CD-Player darunter. Das Kind kann die Klänge am ganzen Körper als Schwingungen spüren.

Wassermusik

Alter: ab 2 Jahren
Material: 1 Becher mit Trinkwasser und 1 Strohhalm pro Kind

Die Kinder pusten mit dem Strohhalm Luft in ihr Wasserglas. Der Luftstrom erzeugt viele Wasserbläschen, die blubbernd an die Oberfläche steigen. Nun trinken sie ein wenig ab und pusten wieder in den Strohhalm.
Verändert sich die Wassermusik?

Ohren wachkitzeln

Um den Kindern die Ohren bewusst zu machen und für das Hören zu sensibilisieren, können wir sie tatsächlich „wachkitzeln".

Alter: ab 2 Jahren
Material: etwas Massageöl

Die Kinder nehmen sich einen Tropfen Massageöl auf die rechte und linke Fingerkuppe der Zeigefinger und massieren sich beide Ohren, erst die Ohrläppchen und dann das ganze Ohr. Die Ohren fangen wirklich zu kitzeln an, weil sie durch die Massage besser durchblutet sind und nun bereit zu hören.

Stille hören

Hören wir permanent Geräusche, stellt unser Gehör auf Durchzug. So zum Beispiel bei dauernder Radioberieselung oder permanentem Baustellenlärm. Wichtig ist von daher, um Töne und Klänge bewusst wahrzunehmen, auch die Stille dazwischen zu erleben, dann spitzen sich die Öhrchen wieder!

Alter: ab 2 Jahren
Material: Triangel oder Klangschale

Wir schlagen die Triangel oder Klangschale an und hören genau hin, wann der Ton verstummt ist. Die Kinder heben den Arm, wenn sie meinen nichts mehr hören. Das kann ganz unterschiedlich sein.

Flaschenxylophon

Alter: ab 2 Jahren
Material: Glasflaschen, Wasser, Trichter, Löffel

Die Flaschen unterschiedlich hoch mit Wasser füllen.
Schlagen die Kinder mit dem Löffel an die Flaschen, ergeben sich unterschiedliche Tonhöhen. Gemeinsam ordnen sie die Flaschen zu einer Tonfolge von tief zu hoch. Ganz leicht können nun einfache Melodien gespielt werden.
Die Spielleitung gibt eine Melodie vor (z. B. „Hänschen klein", „Alle meine Entchen") und die Kinder ahmen es nach.

Körpermusik

Alter: ab 3 Jahren

Die Kinder sitzen im Kreis. Gemeinsam überlegen sie sich, welche Geräusche sie mit ihrem Körper erzeugen können. Wer eine Idee hat, macht es vor, die anderen machen es ihm nach.
Beispiele: auf die Oberschenkel oder den Brustkorb trommeln, mit den Füßen trampeln, klatschen …

Instrumente raten

Alter: ab 4 Jahren
Material: verschiedene Musikinstrumente (Klangspiel, Trommel, Ocean-Drum, diverse Flöten …)

Die Kinder setzen sich mit dem Rücken zur Spielleitung. Diese beginnt und spielt ein Instrument an. Wer es zuerst errät, darf das nächste Instrument anspielen.

Blind tanzen

Alter: ab 4 Jahren
Material: Tücher zum Augenverbinden, beliebige Musik

Die Kinder bilden Paare. Das eine Kind verbindet sich die Augen und lässt sich beim Tanzen vom anderen führen.

Musik und Bewegung

Alter: ab 2 Jahren
Material: Tamburin

Die Spielleitung schlägt das Tamburin und die Kinder laufen im Takt dazu durch den Raum. Stoppt die Musik, bleiben die Kinder in der Bewegung stehen, sie „frieren ein“. Die Spielleitung wählt die lustigste Figur. Dieses Kind gibt nun den Takt an.

Luftballontanz

Alter: ab 4 Jahren
Material: Luftballons, beliebige Musik

Die Kinder bilden Paare und halten mit ihren Bäuchen den Luftballon fest. Er darf beim Tanzen nicht herunterfallen.
Stoppt die Musik, wechseln sie je nach Ansage den Luftballon an andere Körperstellen und halten ihn da wieder fest (Schultern, Hüften, Po, Kopf …).

Rufen und antworten

Alter: ab 2 Jahren
Material: Trommeln

Die Spielleitung trommelt einen einfachen Rhythmus vor, die Kinder trommeln nach. Nach und nach spielt jedes Kind einen Rhythmus vor und die Gruppe antwortet ihm im selben Rhythmus.

Auf dem Rummel

Alter: ab 4 Jahren
Material: Kirmesmusik (z. B. „Kinder kommen in Stimmung“, Ökotopia)

Die Kinder stellen sich hintereinander auf. Das erste Kind führt die Schlange an, die anderen folgen seinen Bewegungen. Die Spielleitung kommentiert das nachfolgende Tanzspiel ganz wie ein Marktschreier eines Fahrgeschäftes auf dem Rummel:

Hereinspaziert, hereinspaziert, wer will noch mal, wer hat noch nicht, steigen Sie ein zur nächsten Fahrrunde, es sind noch ein paar Plätze frei. Halten Sie sich gut fest, die nächste Runde beginnt.
Zuerst mal auf die Achterbahn, die Achterbahn fährt eine große 8.
Schlange läuft eine große liegende 8 im Raum
Jetzt steigt sie langsam den Berg hinauf
Schlange läuft langsamer
und jetzt geht's in wilder Fahrt wieder abwärts.
Schlange läuft schnell
Nun fährt sie durch einen Tunnel.
alle bis auf das erste Kind schließen die Augen
Der Tunnel wird niedrig.
alle Kinder laufen gebückt
Oh, wir sind ja in der Geisterbahn!
alle Kinder schreien
Jetzt sind wir wieder raus aus dem Tunnel und fahren zu zweit Karussell.
Kinder gehen paarweise zusammen, überkreuzen die Hände und drehen sich
Und weiter geht's mit der Achterbahn.
alle Kinder laufen wieder hintereinander
Jetzt fahren wir zu dritt Schiffschaukel.
Zwei Kinder fassen ihre Hände überkreuz, ein drittes setzt sich darauf und wird geschaukelt.
Und weiter geht's zur Achterbahn!
Kinder laufen wieder hintereinander
Die Achterbahn wird immer schneller ...
Schlange läuft eine schnelle 8
Die Achterbahn wird langsamer ...
Schlange geht langsamer
Die Achterbahn hält an und alle steigen aus.

Wahrnehmungsspiele im Alltag

Wahrnehmungsspiele im Alltag geschehen so ganz nebenbei, bedürfen keiner großen Spielregel und Erklärung. Es genügt schon, wenn wir uns darüber bewusst werden, wie sinnenfroh der Alltag für Kinder sein kann, wenn wir uns bei allen Tätigkeiten einfach ein bisschen mehr Zeit lassen und die Kinder in spielerischer Form miteinbeziehen. Diese sind stolz darauf und „helfen“ uns gerne im Haushalt.

Rund um Wickelkommode und Badewanne

Freiheit auf der Wickelkommode

Alter: Säuglingsalter

Die Körperpflege dient nicht nur der Hygiene, sondern bietet auch Zuwendung ganzheitlicher Art.

- Die Babies frei strampeln lassen.
- Sie mit Lautmalereien und Quatschgesichtern unterhalten
- Zehen und Finger massieren.
- Waschen eincremen, abfrottieren.

Vielfältige Erfahrungen im somatischen Bereich können gemacht werden.

In der Badewanne

Alter: beliebig
Material: Wasserspielzeug (Spritztiere, Schiffchen, Plastikfigürchen, leere Shampoo-Flaschen, Schwämme, Badewasserfarben ...)

Während wir die ganz Kleinen noch unter den Schultern sicher in der Babywanne halten und behutsam waschen, ist für die Größeren die Badewanne ein beliebter Spielplatz, um sich mit ganz einfachen Spielmitteln stundenlang zu beschäftigen.

Nach dem Baden

Alter: beliebig

Nach dem Baden fängt der Körperwahrnehmungsspaß erst richtig an!

Frottieren: Bei unter Dreijährigen übernehmen Erwachsene den Job und rubbeln das Kind von oben bis unten tüchtig ab. Das frottiert den ganzen Körper tüchtig durch, regt die Durchblutung und die somatische Wahrnehmung an. Später übernimmt das Kind das alleine.

Föhnen: Beim Föhnen, trocknen wir nicht nur die Haare, sondern mit einer schnellen Bewegung den ganzen Körper. Das schafft neue Wahrnehmung auf der Haut.

Eincremen: Das Eincremen des ganzen Körpers genießt die ganze Hautoberfläche, weil sie vom Baden ausgelaugt ist. Der Mensch fühlt sich danach rundum wohl.

Schlafanzug: Nun den Schlafanzug anziehen, ab in die Puschen und aufs Sofa oder gleich ins Bett. Der Körper fühlt sich gepflegt, umsorgt, sauber und entspannt. Bei der Ruhe danach wird dieses angenehme Gefühl erst richtig wahrgenommen. Ein guter, entspannter Schlaf ist garantiert!

Rund um Kochtöpfe und Wäsche

Essen riechen

Alter: ab 2 Jahren

Wer kennt es nicht? Hungrige Kinder kommen vom Spielen oder nach der Schule heim und schon an der Eingangstüre vernehmen wir ein „Mmhhhhh – riecht lecker!“ Ein einfaches „Und, was gibt's?“ setzt die Wahrnehmung der Kinder voll in Gang und bald schon hören wir von ihnen: „Mmhhhhh – Pizza!“

Essen abschmecken

Alter: ab 1 Jahr

Kinder lieben es, beim Kochen direkt neben dem Topf zu sitzen, um ja auch alles Punkt genau zu verfolgen, was da in den Kochtopf wandert.
Wir machen es uns zur Gewohnheit, sie mit einem kleinen Löffelchen immer mit kosten zu lassen. So gewinnen sie Geschmackssicherheit und können bald beraten, wenn noch ein wenig Salz oder Zucker fehlt. Wir lassen sie an Gewürzen riechen, lassen sie frische Kräuter probieren, kochen abwechslungsreich auch mal fremdländische Gerichte und über die Jahre werden aus den ehemaligen KüchenhelferInnen wahre Meisterköche.

Karotten, Paprika und Sauerkraut

Bereiten wir Gemüse zu, so locken uns bestimmte Sorten, sie vor dem Garen roh zu probieren. Kinder wollen ein Stück Karotte pur. Das frische, noch ungekochte Sauerkraut zieht uns beim Probieren die Geschmacksnerven zusammen, so sauer ist es, die rote Paprika, in Streifen geschnitten, verführt uns zum Reinbeißen.

Alle Gemüsesorten, die auch roh zu genießen sind, geben wir Kindern ebenfalls zum Probieren. Ein Stück Karotte kann dem Baby auch beim Zahnen helfen, wenn es sich daran die Zähne ausbeißt!

Teig schlecken

Alter: ab 1 Jahr

Auch beim Kuchenbacken weichen die Kinder nicht vom Rührgerät, bald schon können sie Zucker dazu geben, Backpulver unters Mehl rühren und zum Teig geben oder Butter in Stückchen schneiden.
Eine sehr große Herausforderung für alle Beteiligten ist es, wenn Kinder – so ab Drei – selbst ein Ei aufschlagen wollen …
Unbedingtes Muss für alle: Sobald der Kuchen im Backofen ist, die Teigschüssel ausschlecken!

Sortierspiele an der Spülmaschine

Alter: ab 3 Jahren

Das Besteck in den Besteckkasten, die Teller hoch aufgestellt in Reihen, Gläser und Tassen oben … – eine Spülmaschine ist ein wahrer Spielplatz der Zuordnung.

Geschirr spülen

Alter: ab 2 Jahren

Kinder lieben es, ganzheitliche Erfahrungen mit Wasser und Spülschwamm am Spülbecken zu sammeln – allerdings passiert das im Zeitalter der Spülmaschine nicht mehr so häufig. Deshalb überlassen wir große Töpfe, Pfannen, Geschirr und Besteck, das keinen Platz mehr in der Maschine findet, gerne den kleinen Spülhilfen.

Topfschrank aus- und einräumen

Alter: ab 6 Monaten

Während Größere im Haushalt helfen, sitzen die Kleinen auf dem Boden und räumen genüsslich den Topfschrank aus. Sie klappern mit den Deckeln, räumen und kruschteln. Sollen sie ruhig, so lange haben wir Zeit zum Kochen … zwischendurch darf Baby kosten (s. o.)!

Schöpfkellen- und Rührlöffelschublade

Alter: ab 6 Monaten

Will das Kind nicht alleine am Boden sitzen, kommt es eine Etage höher in den Kinderhochstuhl vor die Schublade der Holzlöffel und Schöpfkellen.
Dort spielt es dann „Runterfallen lassen, nachschauen und bitte wieder aufheben …“

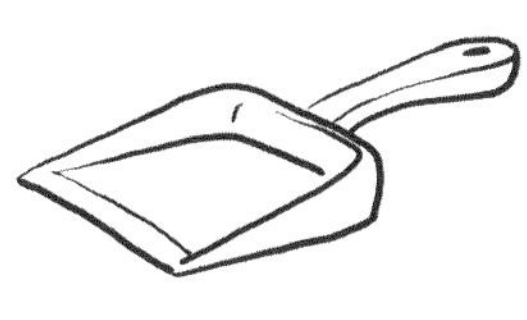

Kruschtschublade aufräumen

Alter: ab 6 Monaten

Jeder Haushalt hat so eine Schublade, in die das kommt, was sonst nirgends hinpasst. Kulis, Klämmerchen, Jahresdekofigürchen, Glöckchen … für Kinder eine wahre Schatztruhe. Schnell entdecken sie liebgewordene Erinnerungen in dem ganzen Plunder und beschäftigen sich stundenlang mit den kleinen Dingen.

Tisch decken

Alter: ab 2 Jahren

Zuerst decken wir gemeinsam den Tisch, nach und nach können es die Kinder alleine. Tisch decken ist ein gutes Zuordnungsspiel:
Wie viele essen heute mit?
Wohin gehören die Teller, wohin gehört das Besteck?
Eine Meisterleistung vollbringen Kinder, wenn sie selbst auf den Stuhl steigen und unfallfrei die Teller aus dem Küchenschrank holen.
Bevor sich alle an den Tisch setzen, dann noch mal die Routinefrage: „Fehlt noch was?"

Beim Essen

Alter: beliebig

Gemeinsam um den Tisch sitzen, das gute Essen genießen und miteinander entspannt zu plaudern ist ein so hohes Kulturgut, dem viel mehr Bedeutung zugestanden gehört.
Dazu gehört natürlich die Frage der Köche an die Tischrunde: „Und, wie schmeckt's?" Wem es schmeckt, bzw. wer nicht am Kochen beteiligt war, dem verraten die Köche die Zutaten und Zubereitungsart. Manchmal ist ein neues Gewürz im Essen, irgendetwas Besonderes. Wer findet heraus, was es ist?

Kreativ mit Banane, Tomate & Co.

Alter: Säuglingsalter

Tischsitten entwickeln sich mit den Jahren von ganz alleine. So lassen wir die Säuglinge in ihrem Kinderhochsitz ruhig Bananen und Tomaten mit den Händen matschen, denn Säuglinge nehmen ganzheitlich wahr, da müssen die Finger mit im Spiel sein …

Sortierspiele vor der Waschmaschine

Alter: ab 3 Jahren

Der Satz „Lass uns die Wäsche gemeinsam nach hellen und dunklen Sachen sortieren“ lässt die Kinder wunderbar im Wäscheberg wühlen und neben einem „Grundlehrgang“ zum Waschen in der Maschine machen sie unterschiedliche taktile Erfahrungen.

Sortierspiel beim Wäsche legen

Alter: ab 4 Jahren

Die Kinder suchen im Wäscheberg nach den Socken, legen sie alle auf einen Haufen und helfen Paare zu finden.

Nähkästchen aufräumen

Alter: ab 4 Jahren

Im Nähkästchen haben sich die Fäden zwischen den Knöpfen verwickelt. Grund genug hier für Ordnung zu sorgen.
Da freuen sich die Finger auf so viel feinmotorische Herausforderung – und fürs Auge ist bestimmt auch was dabei!

Rund um den Einkauf

Nehmen wir uns auch beim Einkauf Zeit für Kinder, wird er zum wahren Erlebniseinkauf! Nur gestressten GroßstädterInnen fehlt dafür der Sinn!

Einkaufszettel schreiben

Alter: ab 4 Jahren

„Was fehlt im Haushalt?“, das fragen wir uns Woche für Woche. „Was wollen wir kochen?“, ist die nächste Frage. Beziehen wir Kinder frühzeitig mit ein, entwickeln sie ihren eigenen Geschmack und nehmen auch die Dinge des täglichen Bedarfs deutlich wahr.

Wahrnehmungsspiele auf dem Weg

Alter: ab 2 Jahren

Die langsamste Fortbewegungsart ist, mit Kindern beim Einkaufsweg von einem zum anderen Laden zu kommen – wer kennt es nicht?

Mäuerchen laufen: Kein Mäuerchen bleibt verschont, darauf zu balancieren.

Treppen hopsen: Von jeder Treppe muss gesprungen werden, am besten in die Arme.

Platten springen: Ein Vorplatz ist mit unterschiedlich großen Platten gepflastert und das Spiel heißt „Nicht auf die Ränder treten – immer in die Mitte der Platten“. Nach und nach werden die Kinder dabei schneller und schneller …

Wahrnehmungsspiele im Supermarkt

Im Supermarkt mit Kindern ist immer ein Erlebnis. Während sich die Kleinen noch in den Einkaufswagen setzen lassen, sind Kinder ab 4 beim Einkauf voll dabei.

Sachen suchen

Alter: ab 4 Jahren

Ideal ist ein Supermarkt, der für kleine Helfer einen extra kleinen Einkaufswagen bereithält. Die Kinder können dann schon eigene Wege ziehen und wenn sie sich orientieren können, kann der Auftrag „Hol mir mal Zucker" spannend wie eine Schatzsuche werden. Jüngere Kinder werden im Kindersitz einbezogen mit Fragen wie: „Siehst du die Tomaten?" Die Kinder zeigen dann bald die gesuchten Lebensmittel.

Sachen auswählen

Alter: ab 2 Jahren

Zur Geschmacksbildung tragen Fragen bei wie zum Beispiel: „Auf welches Obst hast du Appetit?" „Welche Wurst, welchen Käse willst du?". Außerdem wird so der Süßkramstress im Kassenbereich verringert, die Kinder haben ja vorher schon andere Lebensmittel aktiv mit ausgesucht.

Sachen zählen und schätzen

Alter: ab 6 Jahren

Ab Schulalter können Schätzfragen wie „Was fehlt uns noch?", „Wie viele Sachen sind im Wagen?" oder bei Älteren „Was schätzt du, wird der Einkauf kosten?" die Wartezeit an der Kassenschlange verkürzen.

Beim Autofahren

Alter: beliebig

Säuglinge entspannen sich beim gleichmäßigen Motorengeräusch und dem Fahrgefühl im Kindersitz.
3-jährige kommentieren alles, was sie während der Fahrt vorbeiziehen sehen.
Ab 6 Jahren werden Automarken erraten und zugeordnet.
Mit 8 gibt's dann schon Fachgespräche über die neuesten Automodelle. Auf längeren Strecken spielen wir dann Autokennzeichen Städten zuordnen oder bilden lustige Sätze mit allen Autokennzeichen hintereinander weg.

Wahrnehmungsspiele für draußen

Wahrnehmungsspiele für draußen heißt einfach, sich selbst ganz zu spüren in der Welt. Mit wachen Augen die Welt zu betrachten und zu genießen. Den Mond am Abend zu bestaunen, nachts in den Sternenhimmel zu blicken und die Venus zu finden, einen Sonnenuntergang zu beobachten und das Farbenspiel am Himmel zu bewundern, nach dem Winter das laute Vogelgezwitscher früh am Morgen plötzlich wieder wahrzunehmen. Den Duft von Frühling in der Luft einzuatmen. Im Winter eisigkalten Schnee für einige Momente in der Hand zu halten. Im Frühling wieder den warmen Wind um die Beine spüren zu können. Im Sommer ins Wasser zu springen und die Erfrischung zu genießen, sich dann in der heißen Sonne wieder aufzuwärmen und im Herbst mit den Füßen das bunte Laub am Boden aufzuwirbeln …

Spiele auf dem Weg

Mit dem Bollerwagen unterwegs

Alter: ab 1 Jahr
Material: Bollerwagen, Decken, Essen, Getränke, Ersatzkleidung und Windeln für Notfälle

Um die Natur zu erkunden, nehmen wir einen Bollerwagen mit, damit die Krabbler und müden Läufer einfach mitgezogen werden und die Holperfahrt und frische Luft in Decken aneinander gekuschelt genießen können. So sind auch Entfernungen zu nahe gelegenen Spielplätzen, Wiesen oder Waldwegen schnell überwunden.

Im Maisfeld verstecken

Alter: ab 3 Jahren

Im Spätsommer macht es besonderen Spaß, sich einen Weg durch das Maisfeld zu bahnen und sich darin zu verstecken.

Mit den Füßen durch Herbstblätter streifen

Alter: ab 2 Jahren

Die bunten Blätter auf dem Boden haben Kinder schon immer gereizt mit den Füßen durch sie hindurch zu wirbeln. Sie nehmen die verschiedenen Farben der Blätter wahr und genießen das Gefühl der vorbeistreifenden Blätter am Fuß.

Auf Schulter reiten

Alter: ab 1 Jahr

Ein Erwachsener setzt das Kind beim Spaziergang auf die Schultern. Wie sieht die Welt von oben doch schön aus!

Zauberschritt

Alter: ab 4 Jahren

Wenn die Kinder beim Laufen mal keine Lust mehr haben, nehmen wir sie an der Hand und zeigen ihnen den Zauberschritt. Mit dem Zauberschritt können sich die Füßchen plötzlich viel leichter vom Boden heben und wir überwinden die letzte Wegstrecke fast mühelos, ziehen an anderen vorbei und setzen uns an die Spitze des Zuges. Kennt ihr das auch?

Fliegen wie die Vögel

Alter: ab 2 Jahren

Beim Spaziergang schalten wir vom normalen „Gang“ mal einen höher, breiten die Arme aus, als seien es Flügel, fangen an zu rennen und fliegen fast wie die Vögel in der Luft …

Engele flieg

Alter: ab 2 Jahren

Zwei Erwachsene halten das Kind rechts und links an den Händen und lassen es mit folgendem Verslein immer wieder durch die Lüfte schwingen:
„Engele, Engele flieg“

Pferdchenspiel

Alter: ab 2 Jahren
Material: wenn vorhanden Spielhalfter

Wir wechseln die Gangart und galoppieren wie die Pferde. Sind kleine Spielhalfter vorhanden, bilden die Kinder Paare und galoppieren hintereinander abwechselnd als Pferdchen oder Reiter. Der Reiter darf dann die Gangart bestimmen.

Mit allen Sinnen querfeldein

Alter: ab 4 Jahren
Material: Taschen zum Sammeln von Naturmaterialien, evtl. etwas Wegzehrung

Die Spielleitung wählt eine abwechslungsreiche Wegstrecke (s. S. 86). Sie macht die Kinder auf besondere Dinge in der Natur aufmerksam und unterstützt sie beim Wahrnehmen durch Fragen wie: „Hört ihr den Vogel?“, „Seht ihr die Blume?“, „Riecht ihr das auch?“, „Spürt ihr die Wärme der Sonne?“, „Könnt ihr den Bach schon gluckern hören?“
Auf dem Weg können die Kinder auch Moose, Zweiglein, Rindenstückchen, Baumfrüchte, Steinchen etc. vom Wegesrand auflesen.
An allen Stationen können die Kinder nach Herzenslust spielen. Wieder zuhause angekommen, können die Kinder aus ihren Fundstücken kleine Landschaften basteln.

Blindenspaziergang

Alter: ab 8 Jahren
Material: Tücher

Die Spielleitung wählt zur Vorbereitung eine bestimmte Wegstrecke im Freien aus, auf der unterschiedliche Erfahrungen während des Blindenspazierganges gesammelt werden können. Beispiele: unterschiedliche Bodenbeschaffenheiten, unterschiedliche Pflanzenarten etc.
Die SpielerInnen bilden Paare. Ein Spieler bekommt die Augen verbunden. Der andere führt ihn auf der vereinbarten Wegstrecke. Der Sehende gibt dem Blinden Auskunft über Veränderungen und gibt ihm eventuell Dinge zum Ertasten in die Hände. Dabei hat der Sehende Verantwortung für den Blinden, dass er sich nirgends anstößt etc. Nach einer gewissen Zeit werden die Rollen getauscht.
Wieder „zuhause“ angekommen, besprechen alle gemeinsam, was sie Überraschendes oder Lustiges erlebt haben.

Wahrnehmungsspaziergang in der Natur

Alter: ab 8 Jahren
Material: Schreibblock, Kuli, Aufnahmegeräte nach Wahl (Foto, Filmkamera, Handy ...)

Die Spielleitung wählt einen Weg, der unterschiedliche Eindrücke vermittelt (Wiese, Wald, Waldweg, Bachlauf, ansteigende Höhe ...) Damit auf dem Spaziergang die Welt drum herum wirklich wahrgenommen werden kann, wird auf diesem Spaziergang mal nicht miteinander gesprochen. Es ist unglaublich, was man da auf einmal alles hört und sieht. Alles, was an Geräuschen, Düften, besonderen Eindrücken wahrgenommen wird, schreiben die Kinder auf ihren Block. Die Spielleitung hält besonders starke Eindrücke mit den verschiedenen Aufnahmegeräten fest. Wieder „zuhause" angekommen, lesen die Kinder reihum vor, welche Eindrücke sie vom Spaziergang mitgenommen haben.
Tipp: Gibt die Spielleitung Erwachsenen zusätzlich die Aufgabe mit auf den Weg, sich zu überlegen, was sie als Kind an den entsprechenden Orten gespielt haben, entsteht im Handumdrehen eine komplette Wahrnehmungs-Spielesammlung für draußen.

Geräusche zuordnen

Alter: ab 8 Jahren
Material: Tonaufnahmen und evtl. Fotos vom Wahrnehmungsspaziergang

Die Spielleitung spielt den Kindern die aufgenommenen Geräusche aus der Natur ab. Erkennen die Kinder etwas wieder, rufen sie „Stopp" und erzählen, woran sie sich noch erinnern, z. B. wann sie das Geräusch gehört haben, ob sie den zwitschernden Vogel gesehen haben, wie kalt das Quellwasser war ...

Wurden beim Spaziergang Fotos gemacht, lassen sich die Bilder ebenfalls den Geräuschen zuordnen.

Elfenmärchen

Alter: ab 8 Jahren
Material: Tonaufnahmen von Naturgeräuschen

Die Kinder hören sich die Tonaufnahme an und lassen ihrer Fantasie freien Lauf ... Sie erfinden dazu ein kleines Elfenmärchenhörspiel ...

Barfuß sein

Alter: Kinder und Erwachsene jeden Alters

Wann immer sich die Gelegenheit bietet, nutzen wir die Möglichkeit, barfuß zu sein. Wir wollen die Füße wie die Hände nutzen, alles ertasten und Erdverbundenheit spüren. Ob auf der Wiese, im Sand, auf dem Waldboden.
Die erwachsenen BegleiterInnen können etwaige Gefährdungen vor Ort selbst abschätzen!

Ameisenstraße

Alter: ab 6 Jahren

Bestimmt entdecken wir auf dem Weg irgendwann eine Ameisenstraße. Die Kinder beobachten die Ameisen eine Weile, dann zieht die Gruppe weiter und spielt Ameisenstraße.

- Ein Kind ist für eine Weile Ameisenkönigin und führt die Ameisenstraße an. Alle anderen Kinder laufen ihr treu hinterher in Windungen und Wendungen über Stock und über Stein.
- Die Ameisen können aber noch viel mehr. Genau, sie können zusammen für Ameisen sehr große Äste zu ihrem Bau schleppen. Also suchen sich die Kinder einen dicken, langen Ast, den sie allein und zu zweit niemals schleppen könnten – und weiter geht's mit der Ameisenstraße und dem dicken Ast auf allen Schultern …
- Die Ameisen können auch andere Ameisen, die sich verletzt haben zusammen zum Bau tragen. Also legt sich ein Kind auf den Waldboden, alle packen mit an und die Ameise wird von allen ein Stück des Weges getragen.
- Aber was machen denn die Ameisen, wenn ein Mensch in ihren Bau tritt? Genau, sie pieken den Menschen tüchtig in den Po und das machen die Kinder jetzt auch: Jeder versucht jeden in den Po zu kneifen … !

Wahrnehmungsspaziergang in der Stadt

Alter: ab 8 Jahren
Material: Schreibblock, Kuli, diverse Aufnahmegeräte (Foto, Filmkamera, Handy …)

Nach einem intensiven Wahrnehmungsspaziergang in der Natur (s. S. 86), sind die Sinne wachgekitzelt. Gehen die Kinder nun mal durch die Stadt und hören die vielen Geräusche hier, fällt ihnen der Unterschied ganz stark auf. Ob Geräusche von Baustellen, von vorbeifahrenden Zügen, Lautsprecheransagen in Kaufhäusern, ankommenden U-Bahnen … Auch diese Geräusche notieren sie und nehmen sie, wenn möglich, mit einem Aufnahmegerät auf.
Wieder „zuhause" angekommen, erinnern sie sich gemeinsam an alles. Und vielleicht haben sie ja Lust, mit den aufgenommenen Geräuschen einen „Großstadtkrimi" als Hörspiel zu gestalten …

Vogelstimmenspaziergang

Alter: ab 8 Jahren
Material: Vogelbestimmungsbuch, Schreibblock, Kuli, Aufnahmegerät, Vogelstimmen-CD

Das ist nur etwas für Frühaufsteher, denn am schönsten zwitschern die Vögel in den frühen Morgenstunden. Die Spielleitung wählt dazu einen Waldweg mit Mischwald, hier sind die unterschiedlichsten Vogelarten anzutreffen.
Gemeinsam überlegen sich die Kinder, welchen Vogel sie gerade hören. Sie machen sich Notizen und blättern immer wieder im Vogelbestimmungsbuch, den Vogel auch dort zu finden. Die Spielleitung nimmt die Vogelstimmen auf.

Wieder „zuhause" angekommen, vergleichen sie die selbst aufgenommenen Vogelstimmen mit den Vogelstimmen auf der CD.

Spiele im Wald

Zwergenwege gehen

Alter: ab 4 Jahren

Jeder kennt die breiten Waldwege. Viel spannender ist es aber, die kleinen Wege rechts und links zu gehen, die etwas oberhalb des breiten Weges entlang führen. Und wir finden sie wirklich überall im Wald. Ob da schon immer die Kinder gehen? Oder sind da tatsächlich Zwerge unterwegs?

Zwergenversteinerung

Alter: ab 4 Jahren

Es heißt ja, die Zwerge im Wald würden sich einfach schnell verstecken und augenblicklich versteinern, kommt ein Mensch des Weges. Also spielen wir das Zwergenversteinerungsspiel.
Die Spielleitung geht allen Zwergen voran. Dreht sie sich um, versteinern alle Zwerge im Nu. Die Spielleitung wählt einen Zwerg davon aus; der jetzt dem Zwergenvolk vorangeht – und das Spiel beginnt von vorne …

Mit dem Fernglas in den Wald schauen

Alter: ab 4 Jahren
Material: Fernglas

Gewöhnlich schaut man mit dem Fernglas vom Berg ins Tal. Ganz neue Eindrücke gewinnen wir, wenn wir vom Waldweg den Hang hinauf in den Wald schauen. Viele verborgene Winkel sind da unter den Zweigen im Moos zu entdecken, aufragende Wurzelstrünke von umgefallenen Bäumen ragen in die Höh. Entdecken wir auch Zwergenhöhlen? Jedes Kind schaut einmal durch das Fernglas und berichtet, was es alles sieht.

Baumkraft spüren

Alter: ab 4 Jahren

Jedes Kind sucht sich einen Lieblingsbaum, es können auch gleich mehrere Kinder einen Baum auswählen. Sie setzen sich an den Stamm des Baumes und lehnen sich mit dem Rücken dagegen. Nun stellen sie sich vor, wie alt der Baum wohl ist, wie er das Wasser aus dem Boden bis in seine Baumkrone steigen lässt, wie groß das Wurzelwerk unter ihm sein muss und ganz einfach wie viel Lebenskraft und Saft in diesem Baum wohl steckt.
Die Kinder entspannen bei diesem Spiel ganz von alleine, werden selbst ganz verwurzelt und geerdet…

Baum umarmen

Alter: ab 4 Jahren

Wie viele Kinder braucht es, um einen Baumstamm zu umarmen? Ob der Baum uns spüren kann?

Baumgesichter finden

Alter: ab 4 Jahren
Material: evtl. Malkreide

Auf der Wanderung quer durch den Wald entdecken wir immer wieder Astlöcher, besondere Rindenformen usw. und mit etwas Fantasie können wir auch richtige Gesichter in Baumstämmen oder Wurzelwerk entdecken. Wer will, kann die Gesichter mit Malkreide betonen. Keine Sorge, beim nächsten Regen geht das ganz von alleine wieder ab.

Baumbalance

Alter: ab 4 Jahren

Finden die Kinder auf ihrem Weg durch den Wald einen umgefallenen Baum – die Spielleitung prüft die Sicherheit des Stammes – dann balancieren sie über den Stamm vorwärts, an der Hand, freihändig, rückwärts, an der Hand jedoch mit geschlossenen Augen … Es gibt viele Spielarten über diesen Stamm zu gelangen.

Auf Spurensuche

Alter: ab 6 Jahren
Material: evtl. Kamera, Fotokarton, Klebstoff, Malstifte

Überall im Wald entdecken wir Spuren. Das können Fußspuren sein, Wetzspuren von Wildschweinen, Fraßspuren von Wild, Nester von Vögeln, Froschleich im Tümpel, auch Müllspuren von Menschen … Mit etwas Glück sehen wir Eichhörnchen oder sogar Rehe an uns im lautlosen Galopp quer durch den Wald vorbeiziehen.
Die Spielleitung hält alles im Bild fest. Zuhause angekommen, erinnern wir uns mit den Bildern und wer will, kann auf Fotokarton mit Fotos und Stiften einen eigenen Waldlehrpfad anlegen …

Über Stock und Stein

Alter: ab 4 Jahren

Gehen wir mit den Kindern quer durch den Wald eine leicht Anhöhe hinauf, kommt der Bewegungssinn in Gang und das Walderlebnis wird ganzheitlich. Hier ist ein Baumstamm im Weg, dort ist das Gestrüpp zu verwachsen, hier lässt sich gut vorankommen, dort sind zu viele Steine auf dem Hang …
Die Begleitung sollte den Weg vorher schon einmal gegangen sein, um Risiken zu meiden.

Auf einen Baum klettern

Alter: ab 5 Jahren

Mit ein bisschen Glück finden wir im Wald an einer Lichtung einen jüngeren Baum, dessen Äste schon in „Baumleiterhöhe" beginnen. Geeignet sind auch Nadelbäume, da ihre Äste kreisrund den Stamm hoch verteilt wachsen, sodass Kinder wie auf einer Wendeltreppe gehen können.
Werden wir im Wald nicht fündig, dann tut es auch der Obstbaum auf der Wiese oder im eigenen Garten.

Momentaufnahme

Alter: ab 6 Jahren
Material: Tuch zum Augenverbinden

Die Kinder bilden Paare. Das eine Kind bekommt die Augen verbunden. Das andere führt das blinde Kind im näheren Umkreis des Waldes an eine markante Stelle (besonders mit Moos bewachsener Stein, umgedrehter Baumstumpf …). Dort angekommen bittet es das blinde Kind um eine Momentaufnahme, d. h. es darf für einen kurzen Moment die Augenbinde abnehmen und sich in einer Sekunde die Stelle einprägen. Anschließend wird die Augenbinde wieder angelegt und das Kind auf einem anderen Weg zurück zur Ausgangsstelle geführt.

Jetzt startet das ehemals Blinde Kind erneut, dieses Mal mit offenen Augen, und sucht nach der Stelle im Wald.

Lianen schwingen

Alter: ab 6 Jahren

Mit ein bisschen Glück stoßen wir im Wald auch auf Baumlianen.
Die Spielleitung prüft die Festigkeit und die Kinder schwingen daran – wie Tarzan im Dschungel!

Waldmusik

Alter: ab 6 Jahren

Die Kinder bekommen 10 Minuten Zeit, um sich ein „Musikinstrument" des Waldes zu suchen. Danach beginnt das große Waldkonzert. Die einen schlagen mit Stöcken an einen Baumstamm, andere schlagen Steine oder Hölzchen aneinander, wieder andere rascheln mit Laub … Vielleicht kann eines der Kinder auch durch Grashalme wie ein Vogel pfeifen oder gar den Ruf des Käuzchens nachahmen?

Schnitzeljagd

Alter: ab 6 Jahren
Voraussetzung: 2 BetreuerInnen
Ortskenntnis der Spielleitung ist bei diesem Spiel wieder vorausgesetzt.

Die Gruppe teilt sich in zwei Hälften. Die erste Gruppe läuft mit einer Begleitung los. Diese Gruppe markiert Wege mit Pfeilen aus Hölzchen, legt dabei auch falsche Spuren und schnell geht es zum späteren Versammlungsort.
Die zweite Gruppe startet eine halbe Stunde später und macht sich auf Spurensuche nach den anderen.

Verstecken spielen

Das Versteckspiel ist alt wie die Menschheit, hat aber kein bisschen an Reiz verloren.

Alter: ab 6 Jahren

An einer Waldlichtung machen wir Halt. Die Spielleitung sollte das Gelände zur Risikovermeidung kennen.
Ein Kind lehnt sich mit den Händen vor den Augen an einen Baumstamm und beginnt laut auf Zwanzig zu zählen. Die Spielleitung bleibt daneben stehen, so wird nicht geschummelt, und behält die Wege der Kinder, während sie sich verstecken, etwas im Blick. Bei Zwanzig angelangt, ruft das Kind laut, sodass die anderen es hören können:

Eins, zwei, drei, vier Eckstein
Alles muss versteckt sein
Hinter mir, neben mir, über mir
Darf keiner sein
Ich komme!

Das Kind fängt an zu suchen. Kinder, denen es gelingt, sich am Baum abzuschlagen, sind frei! Wer als erstes entdeckt wird, ist neuer Sucher.

Spiele im dunklen Wald

Während der folgenden Mondscheinwanderung können wir Wahrnehmungsspiele spielen, die den Kindern tüchtig den Mut stärken. Die Spielstationen werden von der Spielleitung vor der Wanderung vorbereitet und nach dem Spiel gleich wieder eingesammelt. Es empfiehlt sich auch zu zweit zu gehen, dann kann ein Erwachsener bei den Kindern bleiben und der andere schon wieder zur nächsten Station gehn, um die Kinder dort in Empfang nehmen. Wer auch noch „Futtersuche“ spielen will (S. 96), der braucht zusätzlich Verstärkung von einem weiteren Erwachsenen, der die Feuerstelle während der Aktion entzündet, bzw. eine zünftige Brotzeit am Ende des Weges bereithält.

Mondscheinwanderung

Alter: ab 8 Jahren

Wenn sich die Gelegenheit bietet, ist es ein besonderes Erlebnis für Kinder, bei Mondschein durch den Wald zu gehen. Es ist von großem Vorteil, wenn die Spielleitung den Waldweg genau kennt und über genaue Ortskenntnis verfügt. Zumindest sollte sie den Weg bei Tageslicht schon einmal gegangen sein. Den Weg so auswählen, dass die Wanderung einen Rundweg ergibt und nicht länger als eine Stunde dauert. Sinnvoll ist es zwar, Taschenlampen für den Notfall dabei zu haben, es empfiehlt sich aber bei der Wanderung die Taschenlampen im Rucksack zu lassen, denn sie blenden nur beim Gehen und es ist besonders erstaunlich, wie schnell sich das Auge an das Dunkel gewöhnt.

Auf leisen Sohlen

Haben sich die Kinder an die Dunkelheit gewöhnt, probiert die Spielleitung etwas Ruhe in die aufgeregte Schar zu bringen. Dies gelingt am besten mit diesem Spiel: Die Tiere des Waldes sind total irritiert, wenn Menschen in der Nacht durch den Wald gehen. Einige Tierkinder schlafen bestimmt schon und die Vögel in den Bäumen allemal. Also probieren wir uns mal ganz leise fortzubewegen, dass die Tiere des Waldes uns gar nicht hören …

Wer einen Mucks macht, gibt der Spielleitung ein Pfand. Ausgelöst werden die Pfänder nach der Wanderung.

Mutstein finden

Mut und Kraft wohnt in den Steinen. Jedes Kind schaut nun genau auf dem Waldweg entlang, wo es seinen persönlichen Mutstein findet. Der wird gleich in die Hosentasche gesteckt und ist bleibende Erinnerung an dieses Aben(d)teuer.

Waldkimspiel

Material: Paketschnur, Naturmaterialien aus dem Wald (Tannenzapfen, Vogelfeder, Fellchen, Rindenstückchen, Lochstein, Muschel, Moosbündel, Ästchen, Farnwedel, großes Blatt …)

Spielvorbereitung: Die Spielleitung hängt seitlich des Weges eine Schnur zwischen zwei Bäume und befestigt daran verschiedene Materialien aus dem Wald und dazwischen etwas, das nicht in den Wald gehört, z. B. eine Muschel.

Nacheinander befühlen die Kinder mit geschlossenen Augen alle Dinge der Reihe nach, ohne zu sprechen. Sind alle fertig, fragt die Spielleitung, was die Kinder gefühlt haben und (je nach Alter) in welcher Reihenfolge.

Na klar und zum Schluss fragt sie – wenn noch niemand draufgekommen ist: „Und was findet man sonst nicht im Wald? Genau, die Muschel …“
Gemeinsam wird die Fühlschnur abmontiert und mitgenommen.

Alleine den dunklen Pfad entlang

Material: 50 Teelichter im Beutel

Spielvorbereitung: Eine Betreuerin geht bereits beim „Waldkimspiel“ (s. o.) die Strecke vor und richtet die nächste Spielstation. Sie entzündet die Teelichter und stellt sie rechts und links des Weges auf. Der folgende Weg sollte ca. 30 Meter lang sein.

Kommt die andere Begleiterin mit den Kindern zu dieser Stelle, sagt sie, dass das nun eine Herausforderung sei, alleine den Pfad im Kerzenschein zu beschreiten. Am Ende wartet die andere Wegbegleiterin.
Die Kinder stellen sich in die Reihe und laufen in gewissem Abstand los. Die Kinder, die diese Herausforderung nicht annehmen möchten, beschützen die Spielleitung gemeinsam auf diesem Weg!

Auf Futtersuche

Material: Essen nach Wahl (belegte Brote, Würstchen am Stock, eine Suppe …)
Hinweis: Falls eine Feuerstelle angelegt wird, Feuerschutzbestimmungen beachten und Genehmigung des Försters oder der Gemeinde einholen.

Rehe treten ja bekanntlich am Abend auf die Waldlichtung, um zu äsen. Die letzte Spielstation heißt, gemeinsam den Futterplatz zu finden.
Die Kinder fangen automatisch an zu rennen und mit großem Gejohle geht es den Weg hinunter, denn sie wissen genau, dass da unten das „Futter“ wartet.

Am Lagerfeuer

Ort: nur an ausgewiesenen Platzen mit fester Feuerstelle, Brandschutzbestimmungen beachten

Ein Lagerfeuer ist ein Erlebnis für alle Sinne: Wir hören die Hölzer knacken, die Äste prasseln, sehen die emporsteigenden Flammen und die Feuerfunken sprühen, wenn ein Holzstamm in der Feuersglut auseinanderbricht. Wir riechen den Rauch, spüren die Wärme – die archaische Urwahrnehmung!
Mit dem Feuer wird nicht gespielt, es wird unterhalten – mit weiteren Stöcken. An manchen halten wir Würstchen darüber. Es nährt uns, wärmt uns, spendet uns Licht zum Dank dafür.

Spiele am Bach

Bächlein hören

Alter: ab 2 Jahren

Auf dem Weg zum Bach spitzen die Kinder ihre Ohren, denn wer das Bachgluckern zuerst vernommen hat, ist Bachkönig oder -königin und darf das erste Spiel am Bach bestimmen.

Barfuß im Bach

Alter: ab 3 Jahren

Die Kinder ziehen Schuhe und Strümpfe aus, krempeln sich die Hosenbeine hoch (im Sommer am besten in Badekleidung) und testen das kalte Nass mit den Füßen.

- Wer schafft es im Bach zu stehen?
- Wer schafft es darin zu gehen?
- Wer schafft es von Stein zu Stein darin zu balancieren?

Über den Bach springen

Alter: ab 6 Jahren

Die Kinder suchen sich eine enge Stelle am Bachlauf und versuchen, ihn zu überspringen. Liegen größere Steine im Bachbett, können die Kinder auch über die Steine balancierend zum anderen Ufer gelangen.

Steinchen schnipsen

Alter: ab 5 Jahren

Die Kinder suchen sich im Bach flache Kiesel und probieren an breiteren und tieferen Stellen des Baches die Steine so zu werfen, dass sie über die Wasseroberfläche springen.

Staudamm bauen

Alter: ab 4 Jahren

Die elementarste Erfahrung mit dem Bach erleben die Kinder beim Staudammbauen. Dazu eignen sich flache Wasserstellen und Stellen, an denen der Bach sich verengt. Die Kinder machen dabei Erfahrungen mit der Kraft des Wassers, probieren unermüdlich aus, welcher Stein oder welcher Ast optimal zum Abdichten nützt, beschäftigen sich auf diese Weise ewig lange mit Wasser und „Baumaterial“ und sind am Ende sehr zufrieden, wenn sie das fließende Gewässer für ein paar Minuten zum Anhalten zwingen können. Doch dann bricht der Damm und die „Arbeit“ beginnt von vorne …

Bachwanderung

Alter: ab 4 Jahren

Meist gehen wir über breite Wege zu einer geeigneten sonnenbeschienenen Stelle eines Baches. Besonders erlebnisreich ist es aber, dem Bachlauf an seinem Ufer einmal zu folgen. Schnell wechselt dann die Landschaft: Direkt hinter der Wiese verliert sich der Bach im dunklen Tann, um dann im Laubwald mit vielen Büschen unnahbar zu scheinen. Mal mündet der Bach in einer terrassenförmig angelegten Forellenzucht, mal fließt er so tief, dass wir dem Abhang hinunter nicht folgen können, mal fließt er durch große Granitblöcke. Die Kinder bekommen so eine ganz neue Sichtweise von diesem Bach und der wechselnden Vegetation an seinen Ufern und oft ist das Gehen durch die Wildnis recht mühsam.

Spiele auf der Wiese

Wiesenrollen

Alter: ab 1 Jahr

Finden wir auf dem Spaziergang eine Wiese am Abhang gelegen, spielen wir das einfache, doch erlebnisreiche Kinderspiel. Wie das geht? Am Hang oben auf die Wiese legen und dann einfach nach unten rollen. Das ist eine Freude für den Gleichgewichtssinn. Darüberhinaus riecht es so gut und am Körper kitzelt das Gras. Zwischendurch mal wieder im Stehen schauen, ob die Bahn auch frei ist von Stachligem und Ähnlichem.

Was da alles kreucht und fleucht

Alter: ab 3 Jahren
Material: Decke

Die Kinder legen sich bäuchlings auf die Decke und schauen im Gras nach kleinen Käferchen. Jeder, der was findet, zeigt es den anderen.
Sie stellen sich vor, wenn sie so klein wären, wie groß dann die Grashalme für sie wären … wie sie dann unter den Halmen entlang krabbeln würden … Vielleicht zeigt sich auch gerade ein Marienkäferchen, wir nehmen es auf die Hand, lassen es an den Fingern hochkrabbeln und lassen es wieder fliegen.

Freistrampeln

Alter: ab Säuglingsalter

Das schönste ist es für einen Säugling frei strampeln zu können, drum gilt wenn möglich, raus aus den Windeln und den Kindern Luft an die Beinchen lassen. Die Babys genießen es sichtlich, sich frei strampelnd bewegen zu können. Glücklich, wer im warmen Frühling und Sommer geboren ist. Die ersten Sonnenstrahlen wärmen das Kind.

Der Fuchs geht um

Alter: ab 4 Jahren
Material: Ein zusammengeknotetes Tuch

Die Kinder stehen im Kreis. Ein Kind hält das Tuch, läuft um den Kreis herum und alle singen:
Der Fuchs geht um, der Fuchs geht um
Es geht ein wildes Tier herum
Der Fuchs springt los!

Das Kind rennt nun außenherum und wirft das Tuch hinter ein anderes Kind. Sobald das Kind dies bemerkt, rennt es schnell hinter dem Fuchs her, um ihn zu fangen. Doch der ist meist schon in den entstandenen freien Platz geschlüpft und damit in Sicherheit.

Blumen pflücken

Alter: ab 4 Jahren

Auf einer üppigen Blumenwiese können wir getrost ein paar Blümchen pflücken. Dabei benennen die Erwachsenen die Blumen mit Namen, vielleicht sind ja auch ein paar Heilkräuter dabei. Wichtig ist, dass die Kinder die Blumen behutsam unten am Stängel pflücken und nicht mit der ganzen Hand kurz unter dem Blütenkopf abreißen. Gemeinsam binden die Kinder aus allen Blumen einen schönen Wiesenstrauß. Der duftet dann zuhause so wunderbar nach frischer Wiese …

Wolkenbilderrätsel

Alter: ab 3 Jahren
Material: Decke

Die Kinder legen sich mit dem Rücken auf die Decke. Gemeinsam schauen alle den vorbeiziehenden Wolken zu, entdecken Schäfchenwolken und so manchen Riesen oder Löwen.
Wer ein Bild sieht, sagt es gleich den anderen, damit diese das Wolkenbild auch entdecken können.
Hinweis: Nicht in die Sonne schauen!

Blumenkinder

Alter: ab 3 Jahren

Die Kinder liegen entspannt „schlafend" auf der Wiese oder der Decke. Die Spielleitung erzählt folgende kleine Wahrnehmungsgeschichte:

„Stellt euch vor ihr seid Blumenkinder und schlaft noch in der Erde. Die Sonnenstrahlen wärmen die Erde und wecken eure Lebensgeister. Ihr werdet langsam wach, räkelt euch und blinzelt mit den Äuglein. Ihr wollt nach oben wachsen, um die warmen Sonnenstrahlen besser zu spüren und die laue Frühlingsluft zu schnuppern. Eure Blumenstängel wachsen und ihr geht langsam in die Hocke.

Auch die Knospen beginnen zu sprießen – ihr streckt die Arme der Sonne entgegen. Ihr wachst weiter, euer Blumenstängel wird immer länger – ihr drückt die Beine nach oben aus der Hocke in den Stand – und da steht ihr nun auch auf der Blumenwiese, im Sonnenlicht mit ganz viel anderen Blumenkindern um euch herum …

Schmetterlingstanz

Alter: ab 2 Jahren

Die Kinder stehen im Kreis.
Ein Kind ist der Schmetterling und fliegt flügelschlagend munter im Kreis herum. Dazu singen die anderen das bekannte Kinderlied:

Schmetterling, du kleines Ding
Such dir eine Tänzerin

Das Kind stellt sich vor ein anderes, beide halten sich an den Händen und gemeinsam tanzen sie:

Juchheirassa, juchheirassa
Oh wie lustig tanzt man da
Lustig, lustig wie der Wind
Wie ein kleines Blumenkind
Lustig, lustig wie der Wind
Wie ein Blumenkind!

Ballspiele auf der Wiese

Alter: ab 3 Jahren
Material: Ball

Ein Ball, viele Kinder und eine Wiese. Das bringt das Spiel schon ganz von selbst ins Rollen. Erst Fangversuche von den Kleinen, hinter dem Ball her rennen, bis man in endlich wieder angehalten hat …
Ein passendes einfaches Ballspiel geht so: Die Kinder stehen im Kreis, ein Kind wirft in der Mitte den Ball in die Höhe und ruft den Namen eines anderen Kindes. Dieses läuft in die Mitte und versucht den Ball zu fangen. Egal ob gefangen oder nicht, nun wirft dieses Kind den Ball in die Höhe und ruft den nächsten Namen …

Stoppball

Alter: ab 6 Jahren
Material: Ball

Die Kinder stehen im Kreis. Ein Kind wirft in der Mitte den Ball in die Höhe, ruft den Namen eines anderen Kindes, läuft dann schnell weg. Wenn das andere Kind den Ball gefangen hat, ruft es „Stopp!“
Das erste Kind bleibt stehen und das zweite versucht es nun abzutreffen.
Trifft es, darf es zurück in den Kreis.
Trifft es nicht, geht es in die Kreismitte, wirft den Ball …

Ochs am Berg

Alter: ab 6 Jahren

Ein Kind stellt sich mit dem Rücken zu den anderen Kindern. Diese stehen in 10 m Abstand in einer Reihe. Ruft das Kind „Ochs am Berg!“, müssen die anderen sich möglichst schnell und möglichst weit nach vorne bewegen. Sobald das Kind allerdings diesen Spruch beendet hat, dreht es sich unvermittelt um. Wer sich dann noch bewegt, muss zum Start zurück. Wer es zuerst schafft, das vordere Kind zu erreichen, darf in der nächsten Runde vorne stehen …

Fischer, Fischer welche Fahne weht heute

Alter: ab 6 Jahren

Ein Kind steht auf der einen Seite des Spielfeldes, die anderen in einer Reihe in 10 m Abstand ihm gegenüber. Sie rufen: „Fischer, Fischer welche Fahne weht heute?“ Das Kind entscheidet sich für eine Farbe:

- Alle, die diese Farbe an sich tragen, dürfen frei passieren.
- Wer diese Farbe nicht trägt, kann vom Fischer gefangen werden.

Nach und nach werden es immer mehr Kinder auf der Seite des Fischers, die mithelfen, die Kinder zu fangen.

Verstecken

Alter: ab 4 Jahren
Material: ein Wiesentier aus Plüsch (Maulwurf, Fuchs, Hase, dicker Marienkäfer, Feldmaus, Libelle …)

Eine Wiese kann uns selbst selten als gutes Versteck dienen, aber wir können hier nicht nur an Ostern wunderbar Dinge verstecken.
Die Spielleitung erzählt von den Tieren der Wiese, dass die sich verstecken, wenn Menschen kommen. Alle Kinder knien auf der Wiese und halten das Gesicht auf die Knie. Die Spielleitung versteckt das Plüschtier und los geht’s mit Suchen. Wer das Tier gefunden hat, darf nun verstecken …

Blindschleiche

Alter: ab 6 Jahren

Die Kinder stellen sich hintereinander auf und halten sich mit den Händen an den Schultern fest. Das erste Kind lässt die Augen offen und führt die Blindschleiche an. Dabei hat es die Verantwortung für alle anderen, das heißt, es schätzt Gefahren ab, sagt den anderen, wenn ein Hindernis überstiegen werden muss oder wenn sich die Bodenbeschaffenheit gravierend ändert. Vor allem aber geht das Kind langsam, es „schleicht", denn die anderen halten ihre Augen geschlossen und müssen sich immer erst an neue Eindrücke gewöhnen …

Seilziehen mit Seil

Alter: ab 3 Jahren
Material: Seil

Alle gegen die Großen!
Die Kinder lieben es, gemeinsam gegen einen oder zwei Erwachsene antreten zu können. Sie spüren dabei ganz deutlich ihre Körperkraft und am besten lassen wir sie am Ende auch gewinnen!

Seilziehen ohne Seil

Alter: ab 8 Jahren

Die Kinder stellen sich in zwei Reihen gegenüber einer Trennlinie hintereinander auf. Die beiden Vorderen halten sich in Umarmung der Schultern gut fest. Die anderen stellen sich hintendran und umklammern den Vorderen um den Bauch. Auf ein Startzeichen der Spielleitung geht es an das Kräftemessen. Gewonnen hat die Gruppe, die den Ersten der anderen Gruppe über die Trennungslinie gezogen hat.

Picknick auf der Wiese

Alter: beliebig
Material: Decke, Picknickkorb mit allem, was gut schmeckt

Zum Wiesenerlebnis mit allen Sinnen gehört ein Picknick unbedingt dazu. In frischer Luft schmeckt alles einfach viel besser und alle haben viel größeren Appetit!

Spiele im Garten

Während die Kinder bei den vorangegangenen Kapiteln mannigfaltige Sinneserfahrungen in einem Streifzug durch die freie Natur gesammelt haben, geht es im Garten beschaulicher zu. Der Garten ist das eigene, selbstgestaltete Wohnzimmer in der Natur. Hier können sie alleine stundenlang ihren Beschäftigungen nachgehen, spielen ihre freien Rollenspiele und beziehen den Garten mit ein, lümmeln sich im Sommer auf der Decke unter dem Apfelbaum oder „helfen“ bei der Gartenarbeit mit.

Amselnest

Alter: ab 4 Jahren
Material: Weidenruten, Grasschnitt

Welch großes Ereignis, wenn die Kinder ein Vogelnest im Garten finden. Da liegt es doch nahe, sich selbst ein gemütliches Nest im Garten zu bauen. Die Kinder stecken Weidenruten mithilfe von Erwachsenen kreisrund in die Erde. In der freibleibenden Mitte legen sie Weidenruten strahlenförmig über Kreuz. Jetzt beginnt die Flechtarbeit. Mit weiteren Weidenruten erst den Boden mit Auf und Ab am Strahlenkranz verbinden, dann die Ruten des Strahlenkranzes nach oben biegen und mit weiteren Weidenruten den Strahlenkranz mit den senkrecht im Boden stehenden Ruten verflechten. Nach ca. 40 cm Höhe die überstehenden Weidenruten nach unten in das Nest verflechten. Ist das Vogelnest stabil und fertig, mit Grasschnitt auspolstern und es sich darin gemütlich machen. Den ganzen Sommer über kann das Nest wieder ausgebessert und neu gepolstert werden – ganz nach Lust und Laune der Kinder.

Vogelbad

Alter: beliebig
Material: großer Blumenuntersetzer

Im Sommer haben Vögel richtig Durst und sie genießen es, sich in einer flachen Wasserstelle zu baden. Grund genug im Garten für die Vögel immer eine Wasserstelle bereitzuhalten. Dann können die Kinder den Vögeln beim Plantschen hautnah zuschauen, denn nach der Brutphase werden diese unglaublich zutraulich. Gerade Amseleltern haben dann überhaupt keine Scheu, sich in der Nähe von Menschen aufzuhalten. Schließlich ziehen sie gerade ihre Kinder groß und sind somit die Hauptpersonen im Garten.

Selbst ein Vogelbad nehmen

Alter: ab 1 Jahr
Material: kleines Planschbecken oder alte Zinkwanne

Wie die Vögel genießen auch Kinder eine Wasserstelle im Garten. Da geht es rein und raus. Sandelsachen werden zu Wasserspielzeug – stundenlang wird geplanscht …

Blumenzwiebeln stecken

Alter: ab 4 Jahren

Bei der Gartenarbeit haben Kinder die Gelegenheit, ganzheitliche Erfahrungen mit dem Element Erde zu sammeln. Wir beziehen sie mit ein, wenn wir im Herbst Blumenzwiebeln fürs Frühjahr stecken. Sie puhlen Löcher in der Erde, treffen hier und da auf Regenwürmer und Käfer im Erdreich. Machen den Blumenzwiebeln ein Bett für den Winter und freuen sich im Frühjahr genau wie Erwachsene, wenn nach dem Winter die ersten Frühblüher wie Krokusse, Tulpen oder Narzissen aus der Erde erscheinen.

Kräuterpampe matschen

Alter: ab 4 Jahren

Durch die Gartenarbeit angeregt, kennen die Kinder bald die Kräuter im Garten und ihre Verwendung in der Küche. Also werden mit ein bisschen Wasser Kräuterpampen angerührt, „Wundsalben“ selbst hergestellt und so weiter. Wir lassen die Kinder gewähren, warnen sie jedoch vor giftigen Pflanzen, aber die gehören eigentlich sowieso in keinen „Kindergarten“.

Schmetterlinge, Bienchen & Co.

Alter: beliebig

Um diese Tierchen anzulocken, achten wir auf eine möglichst naturnahe Gartengestaltung. Schmetterlingssträucher, Wiesenblumen, Efeu ranken lassen …
Die Kinder erfreuen sich dann von selbst, wenn sie Schmetterlinge entdecken, Bienchen bei ihrer Arbeit zuschauen können. Der Tipp wäre vielleicht, den Garten nicht zu ordentlich zu putzen …

Spiele mit dem Wasserschlauch

Wird der Garten am Abend gewässert, ist noch einmal Hochzeit für Kinder. Ich kenne kein Kind, dass dann nicht ruft: „Mach mich auch nass!“ Sie rennen unter dem Wasserstrahl hindurch, kreischen vor Entsetzen und Vergnügen zugleich, werden sie dann mal wirklich mit dem Wasserstrahl verfolgt. Irgendwann ziehen sie dann ab, sich abzutrocknen. All das sind wunderbare somatische Erfahrungen – ganz nach Kneipp.

Regenbogen selbst gemacht

Alter: ab 2 Jahren

Stellen wir uns mit dem Rücken zur Sonne und halten den Wasserstrahl des Gartenschlauches in unserer Richtung nach oben, können wir selbst einen Regenbogen erzeugen …

Wasserrutsche

Ein herrliches Vergnügen für Kinder im Hochsommer.

Alter: ab 1 Jahr
Material: Ackerfolie (Landmarkt)

Wer einen Schräghang im Garten hat, kann darauf Ackerfolie auslegen und die so entstandene Rutschbahn mit dem Gartenschlauch von oben blitzschnell in eine Wasserrutsche verwandeln.

Gartenbewohner begrüßen

Alter: ab 3 Jahren

Je nach Region, je nach Lage des Gartens, ist es immer wieder eine Sensation, wenn wir ganz besondere Gartenbewohner entdecken. Da gräbt sich ein Maulwurf munter durch die Wiese und wirft alle Bemühungen eines gepflegten Gartens in einer Nacht über den Haufen. Da zeigt sich das Eichhörnchen im Herbst und freut sich, dass wir noch nicht zum Nüsse-Lesen gekommen sind. Da prustet, hustet und kracht es im Unterholz, dass wir erschrecken, wer da wohl ist – und ein pummeliger Igel macht sich am Apfelbutzen in der Dämmerung zu schaffen. Da riecht es auf einmal so nach wildem Viechlein und wir sehen am Abend ganz lautlose Wellenbewegungen eines Steinmarders. Oder wir haben besonders Glück und in der Dämmerung kreisen Fledermäuse über unsere Köpfe hinweg und zeigen ihre fantastischen Flugkapriolen. Oder kennt ihr das Rotkehlchen? Ein zutraulich, frecher Kerl, der uns fröhlich zwitschernd auf Schritt und Tritt quer durch den Garten folgt? … Seht selbst und macht die Kinder darauf aufmerksam.

Die Decke unterm Apfelbaum

Eine vor Sonne geschützte Ausruhinsel im Garten ermöglicht den Kindern, die Sommerfreuden im Stillen genießen zu können.

Alter: beliebig

Gartenstunden sind Mußestunden. So eine Decke unterm Apfelbaum lässt die „Freistrampler“ genauso genießen wie die Kinder ab 2 Jahren, mit denen wir dort ein Bilderbuch angucken. Den größeren Kindern lesen wir eine spannende Geschichte vor oder Leseratten ab 8 schmökern hier ihr Lieblingsbuch.

Spiele bei Wind und Wetter

Blitz und Donner

Alter: ab 4 Jahren

Wenn im Hochsommer die heißen Tage schwül und drückend werden, die Luft zum Schneiden dick ist, dann braut sich ein dickes Sommergewitter zusammen. Die Wolken verdunkeln sich auf einmal und die Vögel hören auf zu zwitschern. Dann heißt es, rein ins Haus, gleich geht's los. Wir sehen das Licht des ersten Blitzes. Es folgt ihm ein rollendes oder krachendes Geräusch – der Donner. Der Donner entsteht durch die plötzliche Ausdehnung der vom Blitz erhitzten Luft und breitet sich mit Schallgeschwindigkeit aus. Der Blitz ist die sichtbare, der Donner die hörbare Entladung der Spannung. Um festzustellen, wie weit ein Gewitter entfernt ist, zählen wir mit den Kindern die Sekunden zwischen Blitz und Donner und teilen sie durch 3, so erhalten sie annähernd die Entfernung des Gewitters in Kilometern.

Regenbogen gucken

Alter: ab 2 Jahren

Haben sich die schweren Gewitterwolken entladen, scheint bald darauf wieder die Sonne. Wir lassen die Sonnenstrahlen im Rücken und schauen gegenüber zum Fenster hinaus und finden garantiert einen Regenbogen. Wir beschreiben mit den Kindern das Farbenspiel am Himmel von dunkelviolett über blau, grün, gelb, bis zu orange und leuchtend rot. Die Farben des Regenbogens.

Hagelkörner sammeln

Alter: ab 3 Jahren
Material: Eimerchen

So ein Sommergewitter beschert uns manchmal auch dicke, taubeneiergroße Hagelkörner. Dann heißt es nichts wie raus, diese einsammeln. Denn im Hochsommer Eis zu finden ist naturphänomenal!

Barfuß im Regen

Alter: ab 2 Jahren

Wer liebt es nicht? Kurzes Sommergewitter, die Asphaltstraße noch warm und dann barfuß raus und mit den Füßen das warme Pfützenwasser genießen …

Pfützen springen

Alter: ab 2 Jahren

Ein Lieblingsspiel von Kindern, das Toleranz der Erwachsenen voraussetzt, aber wenn's der Wahrnehmung dient?
Im Sommer können die Kinder barfuß in die Pfützen springen, in den anderen Jahreszeiten eben mit Gummistiefeln und Buddelhose …

Sturmkind

Alter: beliebig

Wenn im Herbst der Wind anhebt, freuen sich die Kinder zuerst über das gute Wetter, um ihre Drachen steigen zu lassen, dann folgt die Zeit der Regenschirme, Regenjacken und Gummistiefel, bis dann nur noch dicke Anoraks, Schals und Handschuhe einen Schutz bieten, durch die eisigen Tage des Winters zu kommen … und sich, nach einem kurzen Aufenthalt im Freien, schnell wieder die eisigen Wangen, Füße und Hände im warmen Haus zu wärmen …

Engel im Schnee

Alter: ab 2 Jahren

Finden wir auf dem Spaziergang durch den Schnee unberührte Schneeflächen am Wegesrand, legen sich Groß wie Klein kurz mit dem Rücken auf die weiße Pracht und machen mit den Armen erst am Körper, dann immer wieder im Halbkreis nach oben kurze Abdrücke.
Stehen wir vorsichtig nach vorne auf, können wir unsere Engel mit Flügeln im Schnee bewundern.

Schlitten fahren

Alter: beliebig

Nun kann, wer einen Hügel vor der Tür hat, Schlitten fahren. Beim Schlittenfahren erleben die Kinder eine schnelle Fahrt wie auf einer Riesenrutsche. Unermüdlich stapfen sie nach wilder Fahrt, oft mit den Eltern hinten drauf, unermüdlich den Hang wieder hinauf, um noch einmal die schnelle Fahrt zu erleben. Kinder, die keinen Hügel weit und breit finden, werden von den Großen einfach durch den Schnee gezogen.

Schneemann bauen

Alter: ab 4 Jahren

Schon ein bisschen Schnee genügt, um die Kinder zu animieren, einen Schneemann zu bauen. Mit dicken Handschuhen rollen sie ihre Schneekugeln über die verschneite Wiese, bis der Schneemann Bauch, Brust und Kopfkugel hat, um mit einem Kochtopf als Hut, ein paar Steinchen als Augen, einer Karotte als Nase darauf zu warten, dass der Frühlingswind ihn zum Schmelzen bringt …

Schneeballschlacht

Alter: ab Schulalter

Ob auf dem Pausenhof oder an der Bushaltestelle. Schnee und Kinder – da folgt über kurz oder lang die Idee, eine wilde Schneeballschlacht zu veranstalten. Oh, wie schrecklich schön, wenn dann einer einem eine Hand voll Schnee in den Nacken stopft … ein schaurig schönes somatisches Erlebnis, was garantiert Eishände und völlig durchnässte Klamotten beschert …

Methodik zur ganzheitlichen Wahrnehmung von Themen

Wir wissen heute, dass der Mensch am besten lernt, wenn möglichst viele Sinneskanäle beteiligt sind. Dann setzt sich Gelerntes als Erfahrung im Gehirn nieder.

Die Methodik hierzu ist einfach, aber genial. Am Anfang steht die Auseinandersetzung mit dem Thema, eine gründliche Studie des Stoffes – die Sachanalyse. Wir tragen alles Wissenswerte zusammen, machen uns kundig. Egal welches Thema wir Kindern näherbringen wollen. Sei es ein Bauernhof, das Mittelalter, alles rund ums Feuer oder fremde Kultur. Das gesammelte Wissen verarbeiten wir mit der Fragestellung, wie wir es mit allen Sinnen zum Erlebnis für Kinder werden lassen.

Nehmen wir das Beispiel **Bauernhof**:

- **Was sehen wir dort?**
  Den Bauernhof mit seinem Wohngebäude, den Stallungen, den Lagern, dem Misthaufen. Die Felder rings um den Bauernhof. Die verschiedenen Fahrzeuge, Traktoren, Mähmaschinen. Die verschiedenen Tiere (Kühe, Schafe, Schweine, Pferde, Esel, Ziegen, Katzen, Hunde, Hühner, Schwalben und hier und da eine Maus) und die Bauern, die dort leben und arbeiten.
- **Was hören wir dort?**
  Die verschiedenen Tierstimmen, das Grunzen, Muhen, Wiehern, Schnauben, Meckern, Miauen, Gackern, Bellen und das Zwitschern der Schwalben. Das Treckern der Traktoren, das Pumpen der Melkanlage und die Stille in der Nacht.
- **Wie riecht es dort?**
  Nach Kuhstall, Schweinestall, frischem Heu und Hafer, nach Misthaufen aber auch einfach nach viel frischer Landluft.
- **Wie schmeckt es dort?**
  Nach frischgemolkener Milch, nach frischer Butter, frischem Käse, nach gutem Bauernbrot.
- **Was können wir mit Händen und Füßen dort spüren?**
  Wir können die Tiere streicheln, uns die Hand von der rauen Zunge der Kuh ablecken lassen. Im Gegensatz dazu das kleine Zünglein des jungen Lämmleins spüren. Dem Pferd vorsichtig die zarten Nüstern streicheln und dabei aufpassen, dass es nicht schnappt. Das kleine Kätzchen anlocken, es auf den Arm nehmen und knuddeln, aber auch wilde Spiele mit ihm spielen und seine kleinen scharfen Krallen spüren, wenn es sich

um unsere Hand kringelt, vorne zubeißt und sich mit den Hinterkrallen abstößt. Vielleicht auch das Euter der Kuh berühren.
Mit den Füßen die unterschiedlichen Bodenbeschaffenheiten spüren. Auf dem Hof verschiedene Steinplatten und Stellen von schwerer, matschiger Erde. In den Ställen Steinplatten, Rinnen und frisches Stroh bei den Tieren. Aber auch glitschige Stellen von Wasser oder Unrat der Tiere umgehen. Auf den Wegen ringsumher, kleine spitze Steinchen, Gras von frischen Wiesen, Stoppelfelder im Herbst, kleine Hügel und Gräben.

- **Was gibt es für die somatische Anregung?**
  Sich wälzen im frischen Heu, Wind und Wetter auf der Haut, warme Stallluft, den Frühlingswind, die Sommerhitze, auf dem Rücken eines Pferdes sitzen und das warme, kurze Fell an den Beinen spüren
- **Was gibt es für die vestibuläre und kinästhetische Anregung?**
  Wiesen kullern, im Stroh wälzen, über Pfützen springen, schmale Dielen balancieren und vielleicht auch vom Heuboden ins Stroh springen und auf Strohballen auf dem Feld klettern. Auf dem Traktor mitfahren und das Vibrieren des Motors am ganzen Körper spüren.
- **Wie können Kinder helfen?**
  Wie können sie eigenaktiv werden?
  Beim Füttern der Tiere helfen, beim Striegeln der Pferde, beim Melken der Kühe, beim Stall misten, beim Ernten, beim Apfellesen …

Umsetzung
Aus diesen Überlegungen heraus können wir einen Tag auf dem Bauernhof gestalten mit einer zünftigen Brotzeit, mit Produkten des Hofes, vielleicht sogar mit Übernachtung in einem „Heuhotel".
Wir können daraus Spiele entwickeln. Tiere erkennen, zuordnen, Tierstimmen raten und spielen, Tierfamilien zuordnen, Schmeckspiele, Riechspiele, Getreidearten erkennen, benennen und zuordnen. Die anfallenden Tätigkeiten auf dem Bauernhof in witzigen Spielen nacherleben zum Beispiel „Stallmisten" spielen (ein Kind ist Schubkarre – mit Händen auf dem Boden und Füßen waagrecht gehalten vom anderen Kind …) Wir können mit Kindern Schafswolle filzen, Getreidemandalas kleben, aber auch Hufeisenwerfen spielen …
Na, und was haben wir am Ende unserer Recherche zum Thema Bauernhof? Na, Wahrnehmungsspiele auf dem Bauernhof!

Wahrnehmungsspielräume

... für drinnen

So, wie wir Wahrnehmungsspiele zu allen Gelegenheiten spielen können, so können wir auch Räume gestalten, die die Sinne im Besonderen wachkitzeln. Nachfolgend alle Möglichkeiten für den jeweiligen Wahrnehmungsbereich. Das Wichtigste ist aber dabei, auch Stauräume zu schaffen, in denen Dinge gelagert werden, denn alles auf einmal angeboten, wäre eine wahre Reizüberflutung und hier gilt der Grundsatz „Weniger ist Mehr“ und alle Dinge sparsam einsetzen und für Abwechslung bei den dargebotenen Dingen sorgen, dann überraschen sie die Sinne immer wieder von Neuem.

Spielraum für Augen

Bei der Raumgestaltung achten wir darauf, dass Kinder immer was zu schauen haben, dass sich aber Raumweite und interessante Objekte deutlich voneinander abheben. Kinder sind von zu vielen visuellen Reizen überfordert.

Das Sehen wird angeregt durch

- sich bewegende Objekte
- frei hängende Mobiles
- Mobiles über der Wickelkommode
- Prismen am Fenster – bringen bunte Lichtreflexe in den Raum
- angenehme Beleuchtungsquellen – erzeugen eine schöne Atmosphäre.
- unterschiedliche Prismen in Tropfen- und Zapfenform an den Fenstern – es entsteht ein wunderschönes Licht- und Farbenspiel, wenn Sonnenstrahlen auf sie treffen.
- Kaleidoskope – ein wunderbarer visueller Effekt für Formen und Farben. Einige sind mit kleinen bunttransparenten Formen gefüllt. Drehen die Kinder diese beim Hineinschauen, entstehen immer wieder neue Formen wie Blütenrosetten. Andere spiegeln achtfach die Umgebung wieder, wenn man durch sie schaut.
- Fliegenaugen – sie sind in unzählig viele Facetten geschliffen, dass wir Menschen und Dinge, die vor der Linse sind, vielfach sehen.

Spielraum für Ohren

Wollen wir den Ohren Raum geben, dann sorgen wir dafür, dass alle Geräuscheinflüsse möglichst gering gehalten werden. Denn in der Stille hören die Ohren viel besser.

Spielraum für Nasen

Bei der Raumgestaltung achten wir zuerst mal auf eine angenehme Belüftung. Darauf, dass sich die Fenster öffnen lassen, dass Luft und Vogelgezwitscher nach innen kommen können. Die Luft sollte in den Wintermonaten genügend feucht gehalten werden, dass kleine Kindernasen nicht austrocknen in der Heizungsluft. Die Raumluft lässt sich auch angenehm aromatisieren durch sparsam eingesetzte ätherische Öle. Hierbei gibt es ein paar ausgesprochene Kinderdüfte, die harmonisierend wirken: Vanille, Mandarine, Orange sind ein paar empfohlene Düfte. Bitte hier nicht überdosieren und auf reine ätherische Essenzen achten. Wir können aber auch mit Lavendelsäckchen, den Schalen von Mandarinen auf der Heizung oder mit einem Rosenpotpourri für angenehme Düfte sorgen. Auch hier gilt: Wenige und eindeutige Düfte sind deutlicher wahrnehmbar.

Spielraum für Geschmack

Hauptraum ist hier die Küche, sie ist für Kinder ganz spannend. Hier brutzelt ein Ei auf dem Herd, hier riecht es lecker nach Essen, hier wird Essen zubereitet, hier wird gemeinsam gegessen, hier gibt es etwas zu Trinken. Die Kinder spüren, dass das der Lebensmittelpunkt im Haus ist. Kinder helfen gerne im Haushalt mit. Hier kann man naschen, mit Wasser planschen, Töpfe und Deckel zum Hantieren finden … Die Küche sollte der zentrale Platz im Haus sein.

Spielraum für Hände und Füße

Bei der Raumgestaltung achten wir auf angenehme, unterschiedliche Materialien. Einerseits halten wir genügend Materialien für die taktile Wahrnehmung bereit, andererseits sorgen wir mit guten Aufbewahrungsmöglichkeiten dafür, dass nicht zu viel Kleinkram auf einmal herumliegt, auch das führt zu einer Überreizung der Sinne.
An Materialien eignen sich neben altersgemäßem Spielzeug beispielsweise

- eine Knopfschachtel
- Muggelsteine
- Tastsäckchen
- Tastbretter
- Tastschläuche
- unterschiedlichste Bälle,
- alle Arten von Greiflingen
- Knisterpapier
- Lammfellchen
- Federn
- Watte
- Naturmaterialien: Kastanien, Blätter, Trockenerbsen, Steine, Hölzchen, Tannenzapfen …

Wühlkisten

Mit einem halben Jahr ist die Feinmotorik so weit entwickelt, dass die Kinder gerne taktile Erfahrungen sammeln in Knopfschachteln und Co.

Fühlschlauch

Alter: ab dem ersten Jahr
Material: Schlauchverband (Apotheke), Füllmaterial (Reis, Trockenerbsen, Hirse, Mais, Tannenzapfen etc.)

Den Schlauchverband entrollen und am Ende des Schlauches einen Knoten machen. Ein Material (z. B. Reis) in den Schlauch füllen und mit einem Knoten verschließen. Das nächste Material einfüllen, wiederum verschließen usw. – bis der ganze Schlauch aus aneinandergereihten, unterschiedlich gefüllten Kissen besteht. Die Kinder „krabbeln“ sich nun durch.

Tastbretter

Alter: ab 1 Jahr
Material: einige Brettchen (Sperrholz oder Spanplatte 50 x 70 cm ca. 18 mm stark), verschiedene Kunststoff-, Naturbodenbeläge, Sisal- oder Kokosmatten, verschiedene Teppichbodenreste, Stoffe verschiedener Gewebearten, Wolle, Schnüre, Kork, Rinde, kleine Holzscheiben, Schwämme, Klebstoff, Tacker

Auf die Brettchen die verschiedenen Materialien entweder tackern oder bei Gewebe und leichten Materialien aufkleben. Pro Brett immer nur eine Materialart wählen.

Die Bretter können von den Kindern im freien Spiel betastet werden, mit fortschreitender Sprachentwicklung können sie im dritten Lebensjahr Aussagen machen, wie sich etwas anfühlt. Zum Ende des dritten Lebensjahrs können sie auch blind ertasten, um was für ein Material es sich handelt.

Tastschalen

Alter: ab 2 Jahren
Material: große Tonblumentöpfe, Füllmaterial (ungesponnene Wolle, Sand, Kies, getrocknete Bohnen, Erbsen und Kräuter, Reis o. Ä.), Baumwollstoff (30 x 60 cm pro Topf), Schere, Nähmaschine, Gummiband, Sicherheitsnadel

Die Tontöpfe jeweils mit einem der Füllmaterialien lose befüllen.
Für jeden Topf aus dem Stoff einen Eingriffschaft nähen: An beiden Längsseiten einen Saum von 3 cm nähen. Die nicht gesäumten Seiten zusammennähen, der Saum am oberen und unteren Ende bleibt dabei offen, damit jeweils ein Gummiband eingezogen werden kann. Den Stoffschlauch über den Blumentopf stülpen. Das untere Gummiband so regulieren, dass der Saum fest um den Topf anliegt. Der obere Rand bildet das Eingriffsloch. Das Gummiband so eng zusammenziehen, dass eine Hand zwar hindurch passt, aber das Topfinnere für die Augen im Verborgenen bleibt.
Die Kinder fühlen intensiv die Materialien, da die Augen sie nicht sehen- Gemeinsam wird geraten, was da wohl drin ist. Wir können den Inhalt der Tastschalen von Zeit zu Zeit auswechseln, um eine neue Überraschung parat zu haben.

Spielraum für das Gleichgewicht

Alles, was schaukelt und schwindelig macht, ist bei Kindern beliebt und dient dem Aufbau des Gleichgewichtssinns.
Folgende Einrichtungselemente sind möglich:

- Sitzwippen für die ganz Kleinen
- Hängematten, die über Matten aufgehängt sind
- Auch die gute, alte Kinderwiege tut hier ihre Dienste
- Schaukeln, die im Türrahmen aufgehängt sind
- Für Kinder ab dem zweiten Lebensjahr eignen sich Schaukeltonnen, in denen man sich rollen kann.
- Ein kleines Trampolin für Kinder ab zwei.

Spielraum für Bewegung

Kinder wollen krabbeln, robben, sitzen, sich hochziehen, an der Wand lang laufen, frei laufen. Sie wollen klettern, rutschen, rennen, hüpfen, tanzen, balancieren. Sie wollen toben, sich wälzen und kugeln. Am besten geht das natürlich auf einem Spielplatz draußen, aber auch drinnen bieten wir von der Raumgestaltung her Möglichkeit dies zu tun.
Wir fangen auf dem Boden an.

- Eine Kuscheldecke ermöglicht den Kindern Strampeln, Krabbeln und Sitzen.
- Eine Matratze mit Kissen ermöglicht ihnen zu krabbeln, sich zu drehen und zu toben auf weicherem Untergrund. Dies bietet ein Erfahrungsfeld für den Gleichgewichtssinn.
- Möbel mit einem Bodenabstand von 30 cm ermöglichen es den Kindern, sich in den Stand hochzuziehen.
- Drei, vier Stufen ermöglichen dem Kind zu klettern.
- Eine schräge Ebene ermöglicht ihnen zu rutschen.
- Eine kleine Sprossenwand unterlegt mit einer weichen Matte lässt Kinder sicher klettern.
- Eine umgekehrte Turnbank lädt zum Balancieren ein.
- Ein Kriechtunnel verführt zum Hindurchkrabbeln.
- Bewegliche Möbel schaffen schnell Platz zum Rennen und Tanzen.

Spielraum zum Entspannen

Raum zum Entspannen ermöglichen verschiedene Elemente:

- Angenehme Liegemöglichkeiten
- Entspannungsmusik
- Ätherische Öle
- Gedämpfte Lichtverhältnisse
- Mobiles
- Ein Moskitonetz
- Verschiedene Ebenen und Winkel für Rückzugsmöglichkeiten

… für draußen

Es gibt inzwischen bei vielen größeren Einrichtungen sogenannte Sinnesgärten. Grundlage hierfür sind die von Kükelhaus entwickelten Ideen zur Sinneserfahrung, die 1967 erstmals bei der Weltausstellung in Montreal gezeigt wurden. Durch das „Erfahrungsfeld der Sinne“ sollen nach Kükelhaus unterforderte Funktionen des Menschen neu entdeckt, ihre Sinne wiederbelebt werden. Im Sinnesgarten finden sich viele Geräte zur Auseinandersetzung mit den Phänomenen aus der Umwelt. In den Anregungen zur Sinneserfahrung werden exemplarisch Möglichkeiten geschaffen, in anschaulich erfahrbaren Zusammenhängen Wissen über die Natur, über sich selbst und über die Zusammenhänge zwischen Natur und Mensch kennen zu lernen. Es handelt sich auch um Geräte und Stationen, die Zugänge zu physikalischen Gesetzmäßigkeiten eröffnen.

Wer sich für Sinnesgärten interessiert, dem sei ein Besuch im Wahrnehmungsfeld der Sinne Schloss Freudenberg bei Wiesbaden empfohlen. Hierauf jetzt im Einzelnen einzugehen, würde den Rahmen des Buches überdehnen. Ich habe im Folgenden Ideen zur Gestaltung von Plätzen in einem Garten für Kinder ausgewählt, an denen Kinder ganzheitlich wahrnehmen und spielen können.

Die Wasserstelle

Elementar ist für Kinder eine Wasserstelle zum Baden, Planschen, Erfrischen …

Material: alte Zinkwanne o. Ä., Gartenschlauch

So eine Wanne im Garten ist herrlich. Das Jahr über kann sich hier Regenwasser sammeln. Hieraus können die Kinder Wasser schöpfen zum Blumengießen, ihre Kräuterpampen anrühren (vgl. S. 107) und sich Wasser für die Buddelstelle (s. u.) besorgen. Die Wanne kann auch als mobile Feuerstelle ihre Dienste leisten.
Aber im Hochsommer wird sie einmal ausgeschwenkt und mit dem Gartenschlauch randvoll mit Wasser gefüllt – ist das ein Spaß für Kinder – auf den Schwimmbadbesuch können sie dann an diesem Tag verzichten …

Das Sonnenplätzchen

Auf dem Sonnenplätzchen können sich die Kinder nach dem Planschen in der Sonne trocknen lassen und aufwärmen, ansonsten wird das Sonnenplätzchen eher von Erwachsenen aufgesucht. Also ein guter Platz, Erwachsene zum Ausruhen zu bewegen.

Die Buddelstelle

Um vielfältige Erfahrungen mit dem Element Erde zu machen, brauchen Kinder wie Gärtner eben auch eine Stelle im Garten, wo sie Erde entnehmen können – Gärtner brauchen sie zum Eintopfen von Pflanzen, Kinder zum Matsche-Pampe spielen.
Wer will, kann hier auch einen Sandelplatz einrichten. (Sandkasten über Nacht zudecken, Katzen erinnert das an ihr Katzenklo …!)

Der Kräutergarten

Jeder Sinnesgarten (s. o.) hat einen solchen Kräutergarten angelegt. Hier können Kinder an den Kräutern riechen, diese als Küchen- und Heilkräuter probieren, auch mal für die Küche selbst ernten und natürlich ihre Kräuterpampen damit anrühren. Der Kräutergarten sollte auch in der Sonne liegen, so gedeihen die hauptsächlich mediterranen Kräuter besser. Hier eine kleine kinderfreundliche Auswahl von robusten Kräutersorten und deren Verwendungsmöglichkeit:

Salbei hilft bei Heiserkeit als Tee zubereitet zum Gurgeln. Außerdem wirkt er luftreinigend, wenn wir vertrocknete Blätter zum Räuchern in die Feuerglut der Feuerstelle werfen

Rosmarin wirkt durchblutungsfördernd, kreislaufanregend, erwärmend. Wenn diese Wirkung beispielsweise bei Erkältung erwünscht ist, ein Bündelchen in die Badewanne hängen. Vertrocknete Zweige wirken als Räucherung in der Feuerstelle ebenso. Außerdem macht sich Rosmarin besonders gut in Verbindung mit Hühnchen und Kartoffeln…
Lavendel wirkt harmonisierend und wird gern für den guten Schlaf in kleine Säcklein gefüllt und am Bett aufgehängt. Durch die starken ätherischen Öle hält Lavendel die Motten aus dem Schrank und die Läuse von den Rosen.
Pfefferminze unterstreicht die marokkanische Küche, als Tee wirkt sie bei Verdauungsproblemen und im Sommer ist sie, als kalter Tee getrunken, sehr erfrischend. In der Feuerstelle geräuchert, ist sie eine Frischedusche fürs Gehirn.
Zitronenmelisse ist auch ein Sommerhit, als kalter Tee genossen mit frischer Zitrone verfeinert. Beim Baden wirkt sie beruhigend.
Thymian wirkt als Tee hustenstillend und schmeichelt der italienischen Küche.
Zartere Kräuterpflanzen wie **Schnittlauch, Petersilie, Basilikum, Dill** entwickeln sich nach meiner Erfahrung besser im Blumentopf – fern von Schnecken!

Gartenfrüchte

Für Kinder ist es schön, wenn es im Garten auch Früchte zu ernten gibt. Das kann ein Apfelbaum sein, wilde süße Walderdbeeren oder eine Beerenhecke (Brombeeren, Himbeersträucher).

Der Schaukelplatz

Wie wir wissen, regt alles, was schaukelt, unser Vestibulärsystem an und natürlich ist eine freistehende Schaukel im Garten was Feines. Sie ist in der Anschaffung teuer und will mit Betonpfeilern fest verankert sein. Das muss aber gar nicht unbedingt sein, wenn wir einfach zwei dicke Seile um einen starken Ast schlingen und dazwischen ein dickes Brett befestigen, ist die Schaukel schon fertig.
Genauso viel Spaß bereitet ein alter Autoreifen, der an einem Seil befestigt ist.

Das Ausruhplätzchen

Als Ausruhplätzchen kann die Decke unterm Apfelbaum dienen (vgl. S. 108). Ebenso lädt eine Hängematte zwischen zwei Bäumen aufgehängt zum Träumen und Entspannen ein.

Windspiel

Hängen wir ein Windspiel aus zarten Metallstäben oder Klanghölzern an einen Ast, so können die Kinder einen leichten Windhauch nicht nur spüren, sondern auch hören. So ein Windspiel verzaubert den Garten.

Der Barfußweg

Als Barfußweg wird im Sinnesgarten (vgl. S. 119) ein Weg bezeichnet, der mit unterschiedlichen Bodenbelägen (Kiesel, Rindenmulch, Sand, Wiese, diversen Holz- und Steinplatten …) ausgestattet ist und so den Füßen unterschiedliche Tasterfahrungen verschafft. Der Barfußweg wird meist blind durchlaufen, um das Tasterleben zu intensivieren.
Als Barfußweg für Kinder empfiehlt es sich im Garten auf allen Wegen Rindenmulch auszulegen. Das riecht so schön nach Waldboden, ist angenehm weich unter den Füßen und die Kinder verletzen sich nicht an spitzen Steinchen, geht's mal wilder zu und die Kinder fallen beim Rennen. Bald schon können sie dann die Wege auch „blind" im Dunkeln laufen.

Der Kletterbaum

Meist finden die Kinder im Garten schon selbst einen Baum, der sich zum Klettern eignet, bei uns ist es ein altehrwürdiger Kirschbaum mit dicken starken Ästen. Ist der erste Ast am Stamm für Kinder zu hoch, helfen wir ihnen mit einer Strickleiter.

Die wilde Ecke

In der wilden Ecke hausen die wilden Kerle. Jeder Garten hat so ein Plätzchen, das von Erwachsenen nicht so gut einzusehen ist. Und das ist gut so. Hier können sich Kinder ihr Lägerchen bauen, sich verstecken oder sonst was anstellen, ohne gleich von Erwachsenen ermahnt und belehrt zu werden!. Meist geht's hier ganz harmlos zu, aber die Gewissheit, aus der Erwachsenenwelt entschwunden zu sein, fördert ungemein die Fantasie und belebt jedes Rollenspiel, egal ob als Räuber, Indianer, Pirat oder Steinzeitmensch.

Das Häuschen im Grünen

So ein handelsübliches Spielhaus für Kinder ist in der Anschaffung teuer und aufwändig in der Installation. Hier gibt es einfache Alternativen: Zum Beispiel hat jede Familie in ihrem Fundus ein Igluzelt. Das ist einfach aufzubauen und im Sommer das Highlight – warum nicht mal im Garten darin übernachten?

Anhang

Register

Die Wahrnehmungsspiele sind im Register den einzelnen Wahrnehmungsbereichen zugeordnet, in dem sie am stärksten wirken. Das schließt aber nicht aus, dass sie ganzheitlich auch andere Wahrnehmungsbereiche gleichzeitig aktivieren.

Sehen

Hören

Riechen und Schmecken

Tasten

Vestibulärer Bereich

Kinästhetischer Bereich

Akustovibratorischer Bereich

Somatischer Bereich

Autorin / Illustrator

Sybille Günther, Erzieherin, Diplom Sozialpädagogin, Spieldozentin und freiberufliche Autorin, lebt und arbeitet in Neckargemünd bei Heidelberg. Seit 35 Jahren beschäftigt sie sich mit der Weiterentwicklung des pädagogischen Ansatzes von der „Erziehung" hin zur kompetenten „Unterstützung" und „Lebensbegleitung" von Kindern auf ihrem Lern- und Erkenntnisprozess der Welterkundung. Dies bringt sie, neben der Veröffentlichung von theoretisch fundierten fachpraktischen Büchern, vor allem durch viele Veröffentlichungen spielpädagogischer Bücher zum Ausdruck. Hier vertritt sie einen ganzheitlichen Erlebnisansatz, denn: Je mehr Sinneskanäle beim Lernen beteiligt sind, umso besser setzt sich Gelerntes als Erfahrung im Gedächtnis!
Ihre Erkenntnisse zu diesem Buch gewann sie, neben der zwanzigjährigen Dozententätigkeit an Fachschulen für Sozialpädagogik, auch aus den Erfahrungen als Mutter ihrer beiden Töchter Lotte (25) und Marlene (19). Durch den gemeinsamen Alltag mit ihren Kindern hat sie gelernt, ihr Leben erst richtig zu genießen.
Sybille Günther gibt bundesweit Fortbildungen für im sozialpädagogischen Bereich tätige Fachkräfte. Kontakt: 0179-4800647

Bisher erschienen von Sybille Günther folgende Bücher im Ökotopia Verlag:
Iftah ya sim sim • Das Zauberlicht • Feuerwerk und Funkentanz • Snoezelen • Von Räubern Dieben und Gendarmen • Bei Zwergen Elfen und Trollen • Hallo Halloween • Helau, Alaaf und gute Stimmung • Großes Einmaleins für kleine Zauberer und Hexen • Hereinspaziert – Manege frei! • Lichterfeste • Wilde Stämme • In Projekten spielend lernen • Frühlingsluft und Sonnentanz • Hoppla: Hip-Hop 4 kids • Willkommen im Kindermärchenland • Ritterburg und Königsschloss • Kinder, wir feiern Geburtstag • Krippenkinder begleiten, fördern unterstützen • Himmlische Zeiten für Kinder

Mile Penava, geb. 1963 in Kroatien, lebt seit 1992 in Deutschland. Er studierte Anglistik und Germanistik in Sarajevo. Schon als Jugendlicher zeichnete er Comics und Karikaturen. Gegenwärtig zeichnet er Karikaturen und Illustrationen für verschiedene Verlage.

Für den Ökotopia Verlag hat er bereits folgende Bücher illustriert:
„Singzwerge & Krabbelmäuse" • „Naschkatze und Suppenkasper" • „Hört mal, was da klingt!" • „König Plus und Rabe Minus" • Das Körper-Entdeckungsbuch.

Der Fachverlag für gruppen- und spielpädagogische Materialien

Ökotopia Verlag und Versand

Kooperative Spiele, Spiele in Gruppen, Lernspiele, Bewegungsspiele, Brettspiele

Fordern Sie unser kostenloses Programm an:

Ökotopia Verlag
Hafenweg 26a · D-48155 Münster
Tel.: (02 51) 48 19 80 · Fax: 4 81 98 29
E-Mail: info@oekotopia-verlag.de

Besuchen Sie unsere Homepage! Genießen Sie dort unsere Hörproben!

http://www.oekotopia-verlag.de und www.weltmusik-fuer-kinder.de

Gisela Mühlenberg

Kritzeln, Schnipseln, Klecksen

Erste Erfahrungen mit Farbe, Schere und Papier und lustige Ideen zum Basteln mit Kindern ab 2 Jahren

ISBN: 978-3-925169-96-0

Sybille Günther

Das Zauberlicht

Schwarzes Theater, Spiele und Aktionen mit Kindern

ISBN: 978-3-931902-50-6

Elke Gulden, Bettina Scheer

Singzwerge & Krabbelmäuse

Frühkindliche Entwicklung musikalisch fördern mit Liedern, Reimen, Bewegungs- und Tanzspielen für zu Hause, für Eltern-Kind-Gruppen, Musikgarten und Krippen

ISBN (Buch): 978-3-936286-36-6
ISBN (CD): 978-3-936286-37-3

Wiebke Kemper

Rasselschwein & Glöckchenschaf

Mit Orff-Instrumenten im Kinder- und Musikgarten spielerisch musizieren - für Kinder ab 2

ISBN (Buch): 978-3-936286-17-5
ISBN (CD): 978-3-936286-18-2

Mathilda F. Hohberger, Jule Ehlers-Juhle

Klangfarben & Farbtöne

Farben mit allen Sinnen erleben mit Liedern, Spielen, Klanggeschichten und Gestaltungsideen

ISBN (Buch): 978-3-936286-70-0
ISBN (CD): 978-3-936286-71-7

Jakobine Wierz

Knallbunt im Formenrausch

Kinder malen, sprayen, reißen, zeichnen, drucken und gestalten wie farbenfrohe Künstler

ISBN: 978-3-86702-041-1

Jakobine Wierz

Große Kunst in Kinderhand

Farben und Formen großer Meister spielerisch mit allen Sinnen erleben

ISBN: 978-3-931902-56-8

Jakobine Wierz

Vom Kritzel-Kratzel zur Farbexplosion

Kindliche Mal- und Gestaltungsfreude verstehen und fördern – mit zahlreichen praktischen Anregungen von 2 bis 10 Jahren

ISBN: 978-3-936286-42-7

Gerd Grüneisl

Kunst & Krempel

Phantastische Ideen für kreatives Gestalten mit Kindern, Jugendlichen und Erwachsenen

ISBN: 978-3-931902-14-8

Jakobine Wierz

Spiel doch mit den Schmuddelkindern

Matschen, Schmieren, Spielen und Gestalten mit verschiedenen Materialien

ISBN: 978-3-931902-92-6

Jakobine Wierz

Kinder treffen Mona Lisa

Die Kunst großer Meister der Renaissance spielerisch erleben

ISBN: 978-3-93628-43-4

Gisela Walter

Von Kindern selbstgemacht

Allererstes Basteln mit Lust, Spiel und Spaß im Kindergarten und zu Hause

ISBN: 978-3-931902-84-1